书赠

夏新同志

努力前进

振兴中华

张岱年

竹东北.

自强不息

厚德载物

书赠

夏新同志

张岱年

2001年6月

时年九十二

谨以此书献给恩师
张岱年先生

論語新說

夏新◎著

線裝書局

图书在版编目（ＣＩＰ）数据

论语新说 / 夏新著. -- 北京：线装书局，2023.10
ISBN 978-7-5120-5469-1

Ⅰ.①论…　Ⅱ.①夏…　Ⅲ.①《论语》－研究
Ⅳ.①B222.25

中国国家版本馆CIP数据核字（2023）第085770号

论语新说

LUNYU XINSHUO

著　　者：夏　新
责任编辑：姚　欣
封面设计：舒刚卫
出版发行：**线裝書局**
　　　　　社　　址：北京市丰台区方庄日月天地大厦B座17层（100078）
　　　　　电　　话：010-58077126（发行部）010-58076938（总编室）
　　　　　网　　址：www.zgxzsj.com
经　　销：全国新华书店
印　　刷：北京温林源印刷有限公司
开　　本：710mm×1000mm　1/16
印　　张：22.75
字　　数：252千字
版　　次：2023年10月第1版第1次印刷

更多资讯请访问官网

定价：78.00元

将伟大中华文明再传五千年

古代世界因何人而骄傲？舍老子、孔子、苏格拉底、柏拉图诸者其谁？而孔子被誉为世界十大思想家之首。自有生民以来致力于社会公正和文化前行有甚于孔子之者吗？是故，司马迁在《史记》中以君王之尊为孔子立传。孔子到底为世界文明做了什么？孔子将夏商周以来的"神"主位礼文化损益，创立春秋时代以"人"为主体的仁文化，第一次提出"天下为公"的社会理想和"人的发展理论"。孔子对中华、对人类的文明进步厥功至伟。正如著名教育家、历史学家柳诒徵所言：中华文化前三千年因孔子而传，后三千年因孔子而开。孔子本为一介草民，在体制外徘徊，却担当起上天拯救中华古代文化之"木铎"。孔子学说来自民间，在"独尊儒术"成为社会主流意识后，一举带来汉唐盛世。在漫长历史长河中，儒学不断发展，泽被海内外。

尚不知，是孔门哪位高足提议，收集先师之言而成就《论语》一书。其区区一万五千言，凡二十篇，与《道德经》《圣经》同列世界三大经典，流布人间天涯海角。《论语》内容宏大邃远，关涉人类社会政治、哲学、伦理、人生诸端，灿然大章，创造出"仁、义、礼、智、信""德、诚、忠、孝、廉"等系列范畴，并提出"天论、人论、道论、治论"，终于使儒家思想横空出世。何谓儒家思想？儒家思想是春秋时期孔子创立的以仁为核心、以人为主体、以中庸为方法论的，代表新兴阶级阶层的思想文化体系。儒家思想创立的意义何在？在树立人文信仰，在追求人的价值，在保障国家一统，在带来汉唐盛世，在引发科举制度，在引领社会发展，在远眺小康大同，在奠定中华道统文化，把人类文明推向史上一个文化高峰。世界怎能不为这个时代骄傲？若问古代世界的先进文化在哪里？在孔子！在中华！

孔子亲手传承了"礼"，创新出"仁"，创立了代表新兴阶级的儒家思想新文化。马克思说，文化上的每一个进步，都是迈向自由的一步。孔子的仁学—人学思想体系，孔子哲学唯物论的器物论、运行论、可知论，及中庸、损益辩证观等，无疑具有进步性。孔子是春秋时期一位伟大的思想家、教育家。他游说列国十三年就是为了变革政治达到大道之行、天下归仁。孔子儒家思想作为中国古代封建社会主流思想，是指引中华前进的理论基础，是维系华夏统一的文化保证。

儒学是中国封建社会发展的中流砥柱，儒家思想精神还具有超时代价值。它对欧洲启蒙运动产生过影响，作为中国优秀传统文化，也是当代社会主义核心价值观之文化资源的一部分。因此，孔子属于中华，亦属于世界；属于过去，亦属于未来！

本书之写作，其旨有三：

第一，追寻"中华文明唯一五千年传承不绝"之原因。

文明是地球上具有独特魅力的社会生活，人类是宇宙中特有的生命现象。世界曾经诞生过百十种文明，其大者有：埃及文明、古巴比伦文明、古希腊文明、古印度文明、中华文明等。各民族文明曲折艰辛，异彩纷呈。本书有"大哉问"——

"为何世界四大文明唯一中华文明五千年传承不绝"？

"为何中华唯一创造中国化马克思主义和伟大复兴新时代"？

我们认为，中华文明之传承不绝，其原因乃在自身的道德属性、道统基因。中华古代文化之别于其他文明者，只在重人重德。黄帝最先发明了"德"，孔子最先发现了"人"。中华文化是人与道德的结合。世界各大文明皆有道德，但其属性不同。孔子思想的核心是"仁"，仁即人。中华为"人本文化"。儒学将古代文化从信神、崇神转变到"安人""立人"，以为决定事物成败"在人"是一个飞跃。孔子对世界文明有三大贡献：倡立人文信仰、构建德重于利的价值理念、提出协调天人关系和谐的中庸方法论。否定神而肯定人的价值、地位和作用，是孔子的一个重要思想，这与马克思"人始终是主体"的论断高度契合。

第二，要将伟大中华文明再传承五千年。

回首过去，可知"人类从哪里来"；仰望未来，欲知"人类向何处去"。人类社会发展是一个"公—私—公"的"否定之否定"过程，资本私有制被更高级公有制代替是历史之必然。

其实，中华文明曾多次濒临危机。春秋天下大乱，夏殷之礼已为无征，而上天以孔子为木铎挽夏礼于将灭。清朝末年西方列强掀起侵略瓜分狂潮致中华危殆，有仁人志士挽中国于将亡。

自从资本主导以来，世界出现光怪陆离、伦理失序的荒唐景象：丛林法则，利益至上，自我优先，战火不绝。这些反被美化为"普世价值"。这跟资本创造出空前的生产力和巨大财富相合还是相悖？

人类出路何在？曾有诺贝尔奖获得者主张：向古代孔子请教智慧。故此，我们呼吁：一万年以后还要读《论语》！

夏商周创造礼文化，春秋孔子创造儒文化，当代中国创造中国化马克思主义理论新文化——这就是中华文明五千年创造之旅。中国化理论与古代优秀文化一脉相承创新前进。承在尊德、人本、小康、大同；新在彻底的唯物主义和辩证法。新时代中国特色社会主义思想是实现中华民族伟大复兴的唯一正确选择。大道之行，天下为公。我们还要将伟大中华文明再传承五千年。

第三，探寻"唯一创造中国化马克思主义和中华民族伟大复兴新时代"之文化原因。

为何中国化马克思主义在中华产生？为何社会主义在中国成功发展？这是当代一大奥秘。其实，这是因为以孔子儒家思想为主体的中华古代文化与马克思主义之间，在"人的发展"与"人类社会理想"诸方面多有相似，为马克思主义和社会主义在中国落地生长提供了适合的文化土壤。中国共产党将马克思主义与中华文化相结合，将理论与人民相结合，从而创造出中国化马克思主义。这是中华文明前进的新篇章，是当代世界最先进的文化之一。本书特别着力探究孔子、马克思这两位千年思想家之共性，学问方向大矣！

古今研究《论语》者多矣。本书如何出新？作者自谓当初思考良久：基于原典，生发内容，纵横捭阖，面向现代，深入生活。要在人类历史的长河中，在世界政治的大舞台上，探讨孔子及其儒学在道统传承、伦理提升、人的发展及社会理想诸方面博大精深的哲理蕴涵。须具四有：有大义、有承担、有论争、有新见。又有四不同：

与郑玄不同，彼是训诂，此是通今；

与朱熹不同，彼是集注，此是研讨；

与张居正不同，彼是讲授，此是商榷；

与康有为不同，彼是考据，此是生发。

经典有生命，《论语》当通今，直通新时代。古代典籍，儒学义理，解析当世，通变古今。古为今用，推陈出新。

作者曾受张岱年先生十年教诲，受益匪浅。近年中国社会经济发展成就巨大，国人文化自信空前高涨，国内兴起一股股国学热，可惜前行中仍有不足。作者初心在以马克思主义立场观点方法，结合当代世界实际，对儒家思想义理做一番由此及彼、由表及里的探究，以透过现象揭示本质，有所出新，要将孔子思想的"民主性精华"发掘得至深至广，从而深化对传统文化的认知，增进中国文化自信。此一《论语》选解新说尝试成败毁誉尚待诸君明鉴，自以为这种思维倒是有些微儒家气象的。

世人熙熙，世事迷离。展望未来，人类必有大好前程：大道之行、命运共同。其谁担当？自有中华引领！

伟大中华文明必将再传五千年，万万年！

夏　新

戊戌年九月二十八日

于武汉水果湖千里斋

愿与方家共学，探讨。xiaxin163@163.com

目 录

学而篇第一

子曰："学而时习之，不亦说乎？有朋自远方来，不亦乐乎？人不知，而不愠，不亦君子乎？"

整部《论语》唯学唯乐有远方而不见"苦"

人类的基本精神状态是喜怒哀乐吗？子曰："学而时习之，不亦说乎？"开篇言"习"，讲实践，奠定孔子哲学唯物主义基础。此为一乐；"有朋自远方来，不亦乐乎？"此二乐；"人不知，而不愠"，遭误解仍保持好心情，三乐也。

"学而"为何作为《论语》首篇？原来此章实为学习篇、行动篇、心乐篇也。"习"是一个超时代的实践性概念，学而习乃人类基本之实践活动。此章孔子对宇宙人生发大思考：人生何度？人生当乐！如何得乐？当与自然、与社会、与自我和谐而得乐。马克思说：有意识的生命活动把人同动物的生命活动直接区别开来。你看孔子风雨兼程一生，几多苦难？却精神有乐。学而行，学而乐，怀远方，这《学而篇》奠定了中华文化基调、民族精神，表达全书主旨，故置于首篇。

李泽厚曾解析世界各民族之文化特征：西方为"罪感文化"，印度为"苦感文化"，日本为"耻感文化"，中华为"乐感文化"。诸种文化何以独独乐我中华？窃以为：中华民族乐观品性岂非滥觞于《学而篇》乎?

《中庸》曰：莫见乎隐，莫显乎微。有"中国最后一位大儒家"之称的梁漱溟君读《论语》发现：整部《论语》不见一个"苦"字！其时，梁氏正一度想出家当和尚，看了《论语》后思忖：孔子"少也贱""多能鄙事""累累若丧家之犬"，一生如此之苦却绝不言苦字，我岂可生命蒙羞啊?

有德者精神自强大，何来苦? 苦何来?

有子曰："其为人也孝弟，而好犯上者，鲜矣；不好犯上，而好作乱者，未之有也。君子务本，本立而道生。孝弟也者，其为仁之本欤?"

有若对儒家伦理思想有特殊贡献

人类为何而忧? 民间尽知，忧人子不孝啊！是故，孔子门徒有子曰："其为人也孝弟"。有子即有若。这个草民倒是一位有家国情怀之士，看到了"孝"与"忠"、"家"与"国"之间极高的相关性。以现代管理学论之，有子是很懂得系统论的。《论语注疏》曰：此章言孝弟之行也。孝弟之人，性必恭顺，故好犯其上者少也。既不好犯上，而好作乱为悖逆之行者，必无，故云"未之有也"。是故君子务修孝弟，以为道之基本。基本既立，而后道德生焉。有子提出：孝乃为仁之本。这是一个重要命题，是有子对儒家伦理思想的重大贡献。

朱熹《四书集注》曰：善事父母为孝，善事兄长为弟。犯上，谓干犯在上之人。鲜，少也。作乱，则为悖逆争斗之事矣。此言人能孝弟，则其心和顺，少好犯上，必不好作乱也。有子俨然一位辩证论者，所谓孝乃是人性：有孝弟心性的人不会"犯上"。这应是深刻洞察，为治国者提供一个长治久安的谋略。

儒家重"仁"，仁即人。在孔子那里，人是真正的家国之本。有子之言启发：今之父母，你若不想培养出一个小时候与你对着干、长大后又冲撞社会的逆忤，你还是重视"为仁之本"吧！

这是君子之道的人文密码。

子曰："巧言令色，鲜矣仁。"

孔子道出"巧言"之徒实质

我们民族文化潜意识中深具对奸猾刁徒之大防，深具对佞丑诈术之洞察。究其源，在孔子。

孔子确为识人大师，一句"巧言令色"，把个阿谀拍马之徒的谄媚丑恶之态揭示殆尽。《论语集注》引程颐曰：知巧言令色之非仁，则知仁矣。小人缺仁！巧言令色，皆为粉饰假面之高招。中国古代有很多发明，大概在上古，有高人便发明了一件"先进武器"——"戴高帽"。结果，连皇帝也觉得坐大位犯难：每日里，他的一双龙目向满朝文武百官身上扫来扫去，要识得谁忠谁奸，谈何容易？不像在旧戏舞台上，鲁迅小时候看"社戏"，当他看到曹操那厮摇来晃去，就知道这个白脸一定是奸雄。然而，魔高一尺，道高一丈。"君子不二过"，吃亏可使人变得聪明起来。从前像孔子那样的"圣人"也有上当受骗的时候。孔夫子就曾亲口对门徒总结教训："吾始于人也，听其言而信其行。"后来呢？"吾今于人也，听其言而观其行。"这是老人家在教我们生活。马克思说：人们的存在就是他们的实际生活过程。骗子再狡猾，只要"视其所以，观其所由，察其所安，人焉廋哉？"他们的狐狸尾巴总是藏不住的。

孔子厌恶"巧言令色"，许多聪明人从孔子这一教诲中读出了正解。有一位父亲示儿曰："唯天下之至诚能胜天下之至伪，唯天下之至拙能胜天下之至巧。"这就是仁者无敌。仁为春秋士人的思想旗帜。此乃孔子立标立旗。此真"大哉教"也，中华文化大智慧也！

曾子曰：“吾日三省吾身——为人谋而不忠乎？与朋友交而不信乎？传不习乎？”

“三省吾身”乃君子的自律自觉

孔子师徒是精神平衡的贤者，看似神色平静，但其实心有波澜。曾子曰：“吾日三省吾身。”这不是要自我革命吗？《论语注疏》曰：此章论曾子省身慎行之事。弟子曾参尝曰：“吾每日三自省察己身：为人谋事而得无不尽忠心乎？与朋友结交而得无不诚信乎？凡所传授之事，得无素不讲习而妄传乎？”以谋贵尽忠，朋友主信，传恶穿凿，故曾子省慎之。

曾子鼓吹“为人而忠，与朋友信”。这个思想已浸润中华数千年。中国过去与世界交友有信，吃亏。郑和七下西洋，不要人家外国一寸土。现代中国又最重信用。这就是中华！马克思说：人的本质是人的真正的社会联系。

孔子以为，人有信方为人。马克思说：是谁不是用“人的意义”而是用“人”本身来代替包括“无限的自我意识”在内的破烂货呢？是费尔巴哈。而质疑自我，这个在孔子那儿就是“省”。“省”了还须“温故而知新”。这是儒家的“自律自觉”，是孔子的担当，是孔子对门徒对后世的交代。

***

子曰："弟子，入则孝，出则弟，谨而信，泛爱众，而亲仁。行有余力，则以学文。"

孝弟是人伦的起点

人都是从家庭走出去的社会性动物。那么，进家门做何？子曰："入则孝，出则弟"。《论语注疏》正义曰：此章明人以德为本，学为末。男子后生为弟。言为人弟与子者，入事父兄则当孝与弟也，出事公卿则当忠与顺也。这是孔子门徒从齐家始，及社会，要到群体中爱众人。入孝、出弟，这都是爱，让你天天悄悄生长着爱心，向仁靠近。而后，"行有余力，则以学文"，会爱得更好，更文明。中国的家庭为什么懂规矩有爱心？是从孝父母起步，继而将爱的浪花扩散开去。所以，我们要知道，即使将来到了一百世纪，人伦之爱仍是黏合剂。欧美羡慕中国的家庭铁打似的。为何？就因为孔子这个"孝、弟"太强大！做人，逻辑起点在此。家庭伦理为孔子思想的核心之一。

所以，在中国家庭有孝有爱。爱是双向的，多彩的，充满情趣的。这文化博大。孔子之爱是大爱，仁爱，泛爱，心爱，真爱！孔子的仁爱还启发了托翁。托尔斯泰说过："我并不拥有我所爱的一切，只是我所有的一切，都是我所爱的。"爱众而亲仁啊。

子夏曰："贤贤易色；事父母，能竭其力；事君，能致其身；与朋友交，言而有信。虽曰未学，吾必谓之学矣。"

有道德有学问者如何处世

人生价值，德、财与色孰重？当然是道德。但孔子排除了"不义而富且贵"的选项。子夏曰："贤贤易色；事父母，能竭其力；事君，能致其身；与朋友交，言而有信。"《论语注疏》曰：此章论生知美行之事。"贤贤易色"者，上"贤"，谓好尚之也。下"贤"，谓有德之人。易，改也。色，女人也。女有姿色，男子悦之，故经传之文通谓女人为色。人多好色不好贤者，能改易好色之心以好贤，则善矣，故曰"贤贤易色"也。这是孔子师徒共同的价值观。而色对男性是特别大的考验：你当以事业为重，须克己轻色。这是礼吗？子曰："克己复礼为仁。"仁即人。

人是什么？马克思说：在现实性上，人是一切社会关系的总和。

子夏或许看到人的复杂性和人的社会角色的多样性。人首先要讲孝道，孝敬父母，这是人伦义务。我有一位在中国台湾的亲属来信说：鸦有反哺之义，羊有跪乳之恩。但天天给父母吃人参是孝吗？非也。"有酒食，先生馔"，敬心尽力而已；天天吃人参，要流鼻血的，还掉头发，使不得。马克思以为，人是一种包含理性在内的感性活动的存在。

"行有余力，则以学文。"学什么？"世事洞明皆学问，人情练达即文章。""操千曲而后晓声，观千剑而后识器。"子夏一定阅人无数，比较反复，方赞赏贤者："吾必谓之学矣！""贤贤易色。"人生何易？谁不是一辈子跟随宇宙旋转的？一生都在转换角色，一生要看别人脸色，一生都在抵御好色。人要在社会大舞台上赢得喝彩，须慎待"色"。

曾子曰："慎终，追远，民德归厚矣。"

慎终追远：人类自觉意识的萌生

慎终追远，这是孔子对列祖列宗的深厚血脉之情吗？这是孔子心怀中华上古的宏大景图吗？民德归厚，这是孔子对社会发展的道德之思吗？这是孔子承先启后的人文关怀吗？

中华文化以人为本，儒家以为"本"就一个孝字。孝从养生开始，"生，事之以礼"，这就是善始；"死，祭之以礼"，这就是善终！

古人没有饱饭吃，却在很早就萌生慎终追远情怀。《尚书》说："唯厥初，慎始终。"《诗经》也承继了这一思想："靡不有初，鲜克有终。"老子《道德经》说："慎终如始，则无败章。"《论语注疏》曰：此章言民化君德也。"慎终"者，终，谓父母之丧也。以死者人之终，故谓之终。执亲之丧，礼须谨慎尽其哀也。"追远"者，远，谓亲终既葬，日月已远也。孝子感时念亲，追而祭之，尽其敬也。"民德归厚矣"者，言君能行此慎终、追远二者，民化其德，皆归厚矣。言不偷薄也。慎终确为春秋时代上流文人的一大话题啊。

人类群族靠什么维系？动物世界原初似乎靠气味分辨。狮子、鬣狗与同类见面碰碰鼻子一嗅便知，一碰就亲。这算是人类自觉意识的肇始？为什么伟人要人们"脱离低级趣味"，此之谓乎？然则何谓慎终？人类学家揭秘山顶洞人以红土撒于死者身旁，古人埋葬死者必举行原始仪式。人类的族群自觉真正在丧礼中萌生，人的类文化心理亦借此奠基。当代哲学家李泽厚说，丧葬仪式给予混沌的原始动物以感性、依恋、感觉、知觉、情表，以特性的社会族类的方向和意义。

孔子将此一历史遗俗予以理性化和理论化，形成"礼—仁"文化结构。外在为礼：人文；内在为仁：人性。以此为人道之本，"慎终追远"价值正在此。只要社会大家庭中个个"我欲仁"，那么，"民德归厚"，还有什么疑义呢？

子禽问于子贡曰:"夫子至于是邦也,必闻其政,求之欤?抑与之欤?"子贡曰:"夫子温、良、恭、俭、让以得之。夫子之求之也,其诸异乎人之求之欤?"

中华文化的人性光辉

人谓孔子为圣人,孔子断然否定,说自己非但不圣,反而"少也贱"。此非自谦,孔子20岁前确为草民一个,在乡下放羊牧牛和给死人办丧礼。后来是自办乡学做先生,在体制外徘徊。可他心比天高,欲拯乱世,欲安万民,甚而跑去游说君王"为政以德"。各国还真把他当回事,不用孔子哀求,那些君王争相把国事通告他。门徒子禽以之为奇:这个老师有什么神奇法术?子贡曰:夫子温、良、恭、俭、让以得之。其实,子贡只看到了表象。《论语注疏》曰:"此章明夫子由其有德与闻国政之事。"子禽问于子贡曰:"夫子至于是邦也,必闻其政,求之欤?抑与之欤?"子禽疑怪孔子所至之邦必欤?闻其国之政事,故问子贡曰:"此是孔子求于时君而得之欤?抑人君自愿与夫子为治欤?'"子贡曰:"夫子温、良、恭、俭、让以得之。"此子贡答辞也。敦柔润泽谓之温,行不犯物谓之良,和从不逆谓之恭,去奢从约谓之俭,先人后己谓之让。言夫子行此五德而得与闻国政。他人则就君求之，夫子则修德，人君自愿与之为治，故曰：夫子之求之也，其诸异乎人之求之欤？

生命是有密码的。吾少时夏夜在乡村稻场乘凉，村民们最爱在朦胧月光下讲神鬼故事神秘文化。确如西人赫胥黎所云：人类在宇宙的位置，在自然界总是一物降一物。

人格魅力与人性光辉，此则为中华文化之极大奥妙。

子曰："父在，观其志；父没，观其行；三年无改于父之道，可谓孝矣。"

孔子对政治改革时间"度"的一个设想

近百年来，高明人士纷纷给孔子送"礼物"，其中最多的为"帽子"：保守派、复古者、贵族阶级代言人、非神异教徒，等等。真的令人失望，孔子确实离大神信仰太远了！

然而，孔子究竟有无信仰？有的！他信"道"。子曰："三年无改于父之道"。《论语注疏》曰：此章论孝子之行。"父在，观其志"者，在心为志。父在，子不得自专，故观其志而已。"父没，观其行"者，父没可以自专，乃观其行也。"三年无改于父之道，可谓孝矣"者，言孝子在丧三年，哀慕犹若父存，无所改于父之道，可谓为孝也。道为何？夫子未言，门徒未问，难道他们的心里都通解意会了吗？

但究竟何为"道"？老聃是有论及的。他是道之大而论者，曰："道可道，非常道。"有比这更精当简切的阐述吗？道本致虚，致虚无体，无体无穷，无始无终，玄而又奥，已至神秘化。儒家没有走得那么远，而是归于仁。

"父在观其志"，孔子志何在？志在"安民"。而志气文化一以贯之。后代有"改造中国与世界"之志，有"为中华崛起而读书"之志，有"中华伟大复兴"之志。父殁观其行，何行？孔子有十三年游说之行，后世有万里长征之行。庶民于父则有：忆其容，念其生，继其德，立其家，惜其名，争其光之行。难道不是"三年无改于父之道"吗？

或讥曰：孔子率由旧章，拒绝变革，抑或从道不从君、从义不从父而已耶？真的很冤，明明是"三年无改于父之道"。"三年"，是孔子对新旧制度转换、对改革的时间设想的一个"度"。你担当大任力行新政，必有一个过程。温故而知新，二三年确是很合适的。倘若父逝即变，朝令夕改，事物链条断裂，无乃太过也乎？

有子言信，孔子重信，养育中华诚信文化。无论在古代为世界第一大经济体，抑或是在一八四〇后贫弱被欺，中国都以讲"诚信"载誉于世。中华人民共和国成立后，西方列强曾与中华为敌，却不得不公认中国在讲"信义"这一点上无懈可击。因为，这是我们的文化品格和中华国格！甚而，社会主义核心价值观二十四字中，"诚信"成为其中重要组成部分。这是当代中国人从祖先道德文化资源中汲营养、再受益。信道、守道、立道，乃道也。

子曰："君子食无求饱，居无求安，敏于事而慎于言，就有道而正焉，可谓好学也已。"

未得温饱须好学

人生在世有何求？子曰："君子食无求饱"。《论语注疏》正义曰："此章述好学之事。""君子食无求饱，居无求安"者，言学者之志，乐道忘饥，故不暇求其安饱也。"敏于事而慎于言"者，敏，疾也。言当敏疾于所学事业，则有成功。《说命》曰"敬逊务时敏，厥修乃来"是也。学有所得，又当慎言说之。"就有道而正焉"者，有道，谓有道德者。正，谓问其是非。言学业有所未晓，当就有道德之人，正定其是之与非。《易·文言》曰"问以辨之"是也。"可谓好学也已"者，总结之也。言能行在上诸事，则可谓之为好学也。孔子为什么不吃饱？只因少也贱。那是生产力不发达的匮乏时代。

现在，我们吃饱了吗？总供给大于总需求时代来临，中华史上的第一次，谁知谁觉？自从盘古开天地，三皇五帝到如今，曾经有我们这样地痛吃痛饮，这样地欢快吗？但我是曾经吃过树皮的人，那棵见证树至今还在。那年清明节返乡，还与此树拥而合影：谢谢！谢谢您给我的营养和爱！救命恩树。

中国人确是感恩的。柴米油盐,百姓之求。马克思说,有意识的生命活动把人同动物的生命活动直接区别开来。

区别在何?食无求饱须好学!

子贡曰:"贫而无谄,富而无骄,何如?"子曰:"可也;未若贫而乐,富而好礼者也。"

子贡曰:"《诗》云'如切如磋,如琢如磨',其斯之谓欤?"子曰:"赐也,始可与言《诗》已矣,告诸往而知来者。"

"告往知来"是一种超凡领悟力

孔子门徒大多跟老师一样"贫且贱"。可是,子贡是富家子弟呀,他怎么也议论起贫富来了?子贡曰:"贫而无谄,富而无骄,何如?"《论语注疏》曰:此章言贫之与富皆当乐道自修也。如何对待贫富?这当然是师徒必须面对和思考的。子贡是高足,老师一启发,他立即联想到《诗经》里"如切如磋,如琢如磨"的句子。这是心悟。孔安国曰:子贡知引《诗》以成孔子义,善取类,故然之。往告之以贫而乐道,来答以切磋琢磨。师生心通啊!朱子《四书集注》曰:子贡货殖,盖先贫后富,而尝用力于自守者,故以此为问。而夫子答之如此，盖许其所已能，而勉其所未至也。《诗·卫风·淇澳》之篇，言治骨角者，既切之而复磋之；治玉石者，既琢之而复磨之；治之已精，而益求其精也。子贡自以无谄无骄为至矣，闻夫子之言，又知义理之无穷，虽有得焉，而未可遽自足也，故引是诗以明之。当时，子贡这个回答竟然把孔子心情也弄得振奋起来。子曰："赐也，始可与言《诗》已矣，告诸往而知来者。"对此，《论语正义》曰：《坊记》子云："贫而好乐，富而好礼，众而以宁者，天下其几矣。"是乐道好礼，为人所难能，故无谄无骄者不能及之也。孔子倡"贫而乐，富而好礼"，其实就是庶民、士人共同的家国情怀。奇异的是，孔子是如何"告往知来"的？孔子赞扬子贡具有"告往知来"的聪慧。此为一种超凡领悟能力，故孔子欲要和他一起言诗歌。这是先生对子贡的极高奖赏，亦是一次师徒对话，精神大餐。

中国是诗歌国度，诗人多贫而乐。你看孔子师徒在一起谈话入诗，"如切如磋，如琢如磨"，生活和学习都是诗啊！

孔子师生坐而论富、切磋言诗，多么诗情画意之生存！

子曰："不患人之不己知，患不知人也。"

"人知"与"知人"孰重？

高岸为壑，深谷为陵。郁郁涧底松，离离山上苗，以彼径寸茎，荫此百尺条。大块咋的？

子曰："不患人之不己知，患不知人也。"为何发出此一感叹？孔子遇到了什么？他本少也贱，却是自强不息，做出过多少努力，碰了多少次壁，而却愈挫愈奋，自我鼓气，以德报怨。《论语注疏》：此章言人当责己而不责人。凡人之情，多轻易于知人，而患人不知己，故孔子抑之云："我则不耳。不患人之不己知，但患己不能知人也。"这是孔子思维的独特，把人家不了解自己，归于自己不知人。这是一个换位思考，还是不得已为之？是另类思维，还是精神强大？

世间是有序的、规则的且合理的？谚云：人间之不合理，何止漫山遍野。马克思说，人无论如何天生是社会动物。现实是，天地之大，宇宙茫茫，人不自知，怀才不遇，愁煞古今多少英雄？你我哪里去寻一个立足点和知己？子曰："不患人之不己知。"孔子启示：得靠自己！这是华夏声音！这是儒家支点！是中华文化的一大生命优势！中国民众已上下忙活五千年了。靠谁？不靠天，不靠地，就靠自己！毛泽东说："自己动手，丰衣足食。"这是靠自己。老百姓说："不要把自己拴在别人的裤腰带上。"靠自己。不可思议！这个民族简直是众口一词，铿锵有力，万众一心，坚如磐石，一往无前。

为政篇第二

子曰："《诗》三百，一言以蔽之，曰'思无邪'。"

中华古代文化充满正能量

那时候，春秋时代，孔子在阙里乡村为谁喝彩？为生活？为生命？为人性？而在地中海那边，诗人荷马在长篇史诗《伊利亚特》里为英雄战神和伟大战争喝彩，威武雄壮，精彩纷呈。孔子编辑的《诗经》里虽有王侯，也有苍生，却是在地面上运行，哪里见到一尊大神在云彩中缥缈？

你拿一本《诗经》读起来，是否感受到孔子心灵之美？竟将"关雎"那么荡情的诗篇选入书中，又描述那么美丽的画面：春天里，山坡下，小河边，流水潺潺，草长莺飞。要命的是这时主人公现身。一对青年男女在沙滩上追逐嬉戏，尽展活力生命，纯美爱情！人果真是宇宙精灵呀。不写战争写爱情，荷马何如一《诗经》？

"关关雎鸠"，是人类的一场诗恋。孔子实在下足了功夫：场景是美丽的，春天是美好的，小河是诗意的，水鸟是多情的，男女是浪漫的，氛围是微妙的——这就是青春！这就是生活！这就是诗歌！孔子把握尺度，歌颂爱情却"思无邪"。

"诗三百"，确有许多真的生活。恩格斯说，在我看来，现实主义的意思是：除细节的真实外，还要再现典型环境中的典型人物。他也许讲的是戏剧。孔子倡"思无邪"，毛泽东《在延安文艺座谈会上的讲话》倡"双百"方针，中华文化充满正能量。

子曰："吾十有五而志于学，三十而立，四十而不惑，五十而知天命，六十而耳顺，七十而从心所欲，不逾矩。"

孔子率领中华后生立大志

小民说："光阴似箭，日月如梭。"诗人说："天地转，光阴迫。"真的，人生一世草木一秋，弹指一挥间。当我们白发苍苍，回首张望那段过往人生路，会生出何等感想，又有何理念传诸后生？

中华是重视人生起点的。子曰："吾十有五而志于学。"原来，孔子人生起于志！而后三十而立，四十而不惑，五十知天命，六十而耳顺，七十而从心所欲不逾矩。孔子抓住人生成长发展的几个关键点，最终达到人性趋于真善美。究其根本，此乃孔子总结人生经验而告之于门徒后生。《论语注疏》：此章明夫子隐圣同凡，所以劝人也。孔子人生何等丰富，为何每个台阶都能步步有得？在志，孔子十五有志。志士皆早立大志。后世有少年云："孩儿立志出乡关，学不成名誓不还。埋骨何须桑梓地，人生无处不青山。"这是志；又有青年云："大江歌罢掉头东，邃密群科济世穷。面壁十年图破壁，难酬蹈海亦英雄。"这也是志。又有少年在梁家河立志为人民服务。志是方向，志是动力。人立了志，人生就如有了翅膀，人性就飞翔起来。

孔子之志对后人有何启发？发愤忘食，乐以忘忧，先苦后达，己立立人。其实，这就是砥砺《易经》"天行健，君子以自强不息；地势坤，君子以厚德载物"之真精神啊！

幸了，中华有孔子率领后生立大志！

子曰："吾与回言终日，不违，如愚。退而省其私，亦足以发，回也不愚。"

神奇高效的"颜回学习法"

孔子是高明的导师吗？高明导师必是最懂学生的老师，必能见人所未见，发人所未发。根据此一条，孔子是高明导师无疑。有史为证：子曰："吾与回言终日，不违，如愚。退而省其私，亦足以发，回也不愚。"

啊，好个颜回！看似听课终日无言，其实"退而省，足以发"——

颜回的秘密被发现！一个天才被发现！颜回之好学，为门徒之第一。最稀罕的，他思维品质有一个"发"字。发挥、发现，何其了得！学习有两重境界：掌握、发现。发现乃学习过程之极致，非凡夫俗子可达也。人类发展前进，唯有仰仗这少数天才的发明、发现！故孔子教学孜孜以求之妙处，在一"发"。"亦足以发"，这是颜回一大创造、孔子一大发现。此应成为"985"高校第二校训。然而，竟有后人诟病孔子："教死书，死教书"。果真如此吗？天大误解！孔子的教学根本是"有教无类、因材施教"，此乃人类史上相当早的分类教学。只因孔子已感知学生的智力差异，看到了个别门徒具有禀赋潜能而尽力予以开发。颜回是他所遇到的天才学子，差点埋没。颜回听讲一天，从未表示不同意见，是对老师的观点毫无保留地接受了？还是孔子压制不同意见？非也！事实是，颜回不仅把老师所讲全听进去了，而且，创造了一个学习新法，可谓"颜回学习法"。分两步：其一，对老师讲的认真听，全接受；其二，下课后反复比较琢磨，站在老师肩上发现新观点——原来如此。颜回这个看似"木头"样的笨学生，竟然是敢于创造、善于创新之高足！孔子欣喜啊！这不就是名师出高徒吗？

中国人爱"发"。孔子一个"发"字，尽含大师教学之神韵，尽显学习主体之被尊，尽得学生创造思维之奇效。孔子之教，非凡师之教也，乃是"发现之教、创造之教"也。

子曰："视其所以，观其所由，察其所安。人焉廋哉？人焉
廋哉？"

可知论者的那一双眼睛

世界是可以认识的吗？哲学家休谟斩钉截铁地说"不可以"！故
这位英国绅士有了荣誉头衔——不可知论者。而孔子却以为"可知"，
故而孔子罕有形而上学纯粹理论家地位。他老人家总是与芸芸众生一
起忙碌着。梁漱溟看透而叹息说：儒学即生活呀。生活可知吗？孔子
回答"当然"。所以，黑格尔要批判孔子"无知"了。

天啊，孔子竟然认为人也是可知的！首先人的行为是可知的。这
是唯物主义认识论？太超越时代了吧？又何其能也？原来，孔子之于
世界，之于社会，之于人们，不似黑格尔用心冥想，而是用眼睛观察
后思考。孔子之观察，其方法深入得近乎细致入微。他先看人的外貌
举止，再听他们说什么和怎么说。这是观表象。而后还要看其人做什
么，怎么做。最后，还要考察这个人做事之目的动机。可以说，他是
观察了一个人全部，考察了全过程，看到了一个立体。子曰："视其
所以，观其所由，察其所安。人焉廋哉？人焉廋哉？"《论语注疏》：
此章言知人之法也。如此，人的真面貌哪有不在孔夫子面前曝于光天

化日之下的？那些蕞尔小人的一点点小伎俩怎么能够愚弄他呢？

厉害了，孔子的方法论！看得准，看得全，看得真！2500年后，有一位中国伟人将这一观察事物之古老方法进一步抽象为：去粗取精，去伪存真，由此及彼，由表及里。此乃人类认识论之至耶？

孔子是人间悲喜剧的敏锐观察者。孔子太乐观、太人性，社会生活在他那儿仿佛总是喜剧的长幕，快乐不已。而痛也是有的，孔子当然洞见了人类生活的各种缺陷和丑陋，然而，他会转化，会调整，只把苦痛生活当戏剧、喜剧就好了。有一个欧洲人巴尔扎克似乎也达于孔子之精神境界，把几十年写出来的作品结集为《人间喜剧》。呜呼！东西方文化在此心通交集了吗？

普世法则，大神把戏，欺骗了多少人？而孔子教我：人焉廋哉？

子曰："君子周而不比，小人比而不周。"

儒家以为公私毫厘见君小

人是社会性动物，每个单一生命体为主属，千百万为异他。君子之于异他，视为友也，视为己也，视为一也。子曰："君子周而不比，小人比而不周。"君子之德忠信为本，义合为周。譬若日光，布撒无偏，普适众人。小人则反之。《论语注疏》曰：此章疾小人多言，而行之不周也。君子高比，所以广德也；小人下比，所以狭行也。小人所好，亵狎之比，轻佻以为亲；利合之比，同上一贼船；谋术之比，如何捞一票。皆以小我之利为牵引，一时勾结。所谓酒肉朋友，利益维系是也。

人之于社会他人，当然其立心有不同。朱熹《四书集注》曰：君子小人所务不同，如阴阳昼夜，每每相反。在公私之际，毫厘之差耳。君子胸怀坦荡，每日醒来，是以天下为一家，以众人为己身。理所当爱者，其必爱之；理所当助者，其必助之。小人负私而狭，尊我而利己，对有势者必附之，见有利者必趋之。猫嗅腥臭，蛆逐腐味。同类之共处以纳友，同侪之相恶以为援。此则处世之大防也。人无害虎心，虎有伤人意。古人谓：人心难测，海水难量。明哲保身，何尽吾齿。孔子已然警告，人性之殇，千夫所指，独善其身易，兼济天下难。

子曰:"学而不思则罔,思而不学则殆。"

哲学的唯一个性是思考

西人黑格尔何以小瞧孔子?黑格尔有"绝对精神",孔子有吗?事实上,孔子教诲门徒的确非"绝对精神"而是"学与思"。孔子有价值吗?仅一个"学而不思则罔"的警告,人说抵得上黑氏一大本书。不错,西人的抽象思维快速发达,从笛卡尔到黑格尔,霍布斯到费尔巴哈,中间还有那么伟大的康德,哪一个不是鼎鼎大名的"思想者"?哪个不是推动着思辨哲学前进的?超我思维、纯粹理性、绝对精神。

中国哲人无有形而上的纯粹思辨。为思而思,孔子以为不然。在孔子那儿,学、思、行成为一体。孔子是踏着大地行走的,但他也是一个重视形而上的哲人。儒学即行,儒学即思。中华孔子不独好于思,亦强调相关性,将学思与行时刻结合而转换着。孔子之于"思"恰似中医之看"病",着眼于完整的人。看看古希腊大师那儿,事情总是一码归一码。苏格拉底一思考起来就站着一动不动,哪怕身在大街旁,只专注于思。人们以为他患有癫痫病,都是乱猜。

林语堂学贯中西,他以为学、思、笃、行必有险。而孔子觉察学而不思，比思而不学更危险。孔子认为，学问确需寻根究底，方能独立判断，并且不为胡说和假象所惑。

———

或谓孔子曰："子奚不为政?"子曰："《书》云:'孝乎惟孝，友于兄弟，施于有政。'是亦为政，奚其为为政?"

中华文人的仕途红运

古人云：恭不为相，慈不掌兵。而孔子是准备进军朝廷的。官场是火坑，奋不顾身就往里边跳吗？孔子没有那么暴虎冯河，他倒是天天鼓励怂恿学生一个个兴冲冲要入朝堂之门。这话被偶尔经过孔门的人士听见了，问：孔子，你本人怎么不去做官搞政治呢？

当着学生之面，如此被人逼问，孔子一定很不好受。但他老人家倒是沉得住气，回答问题时没有顺着人家的杆子往上爬，而是发挥自身知识优势，先打了一个太极，引用《尚书》的话说："《书》云:'孝乎惟孝，友于兄弟，施于有政。'是亦为政，奚其为为政?"意思是，在家中讲孝弟榜样示范，影响四邻旁人，我这不就相当于参与政治了?《论语注疏》正义曰：此章言孝、友与为政同。正解。

从逻辑上看，孔子说得相当站得住脚。可这是他的真心话吗？

孔子此时大约人过中年，他是十多岁就立下大志的：为国家，一匡天下；于政治，为政以德；于伦理，天下归仁；于布衣，安民富民。此后，他心里日夜在为参政焦急着呢，整天对学生空谈理论能施展抱负吗？须得要借一个平台——国家的平台，才能真正参与政治展身手。孔子参政之心虽早有，可政治资源太贫乏。父亲早逝，母为三房，他上头有大妈、二妈和九个姐姐共十一个女人，还有一个跛脚的哥哥，那是弱势群体照顾对象。孔子整天在流言蜚语中过活。少年失学，青年失业，靠给人放牛、放羊、吹丧礼喇叭混生存。苦哇！水深火热不足以形容少年孔子的磨难。好在他穷则思变，极其好学，终于识得了不少文字。读了一肚子古书，只是头上还是光秃秃没有半个官职。彼时穷人的孩子出头难啊！

　　生于末世，时来运转。终于，孔子50岁时竟然做上了官——中都宰。他十分珍惜这次机会，异常卖力，结果一年初见成效，官升一级，做司空；又三年大见成效：社会夜不闭户，道不拾遗。治世有方，又升官当了大司寇。可是，同僚不高兴了，几个老臣一合计使"绊子"。怎么着？孔子被免职，乖乖地卷着铺盖回到了陬邑乡下老家。这就是中国古代好官的宿命。屈原入仕途，逼到投江自杀。李白入仕途，借酒消愁。苏轼太聪明，乌台诗案，越贬越远。

　　神学家奥古斯汀有"预定论"，以为一切都是神的固有安排，人逃得了吗？还是不做官吧。可是连苏轼那样的智者也并没有真正醒来，他说："人皆教子望聪明，我被聪明误一生。惟愿孩儿愚且鲁，无灾无难到公卿。"

　　看，还是惦着后嗣做官啊。

子曰："人而无信，不知其可也。大车无輗，小车无軏，其何以行之哉？"

人而无信犹车无輗軏

人这种动物是地球的精灵，生而具有长百兽、加万物的智慧。智是什么？智若水火，若有智而无德，谎话连篇，老百姓称之为搭白不算数。这就是人性之殇。

人世几时伤往事。孔子那么高的德行总是见人之长，成人之美，可这回是怎么了？他说："人而无信，不知其可也。"成怀疑论者了？《论语注疏》曰：此章明信不可无也。大车无輗则不能驾牛，小车无軏则不能驾马，其车何以得行之哉？孔子因为看到小人无信而焦虑。《论语正义》曰：人有五常，仁义礼智，皆须信以成之。若人而无信，其余四德，终无可行。儒家伦理以为信乃做人的前提。《吕氏春秋》曰："君臣不信，则百姓诽谤，社稷不宁处；官不信，则少不畏长，贵贱相轻；赏罚不信，则民易犯法，不可使令；交友不信，则离散郁怨，不能相亲；百工不信，则器械苦伪，丹漆染色不贞。"若人而无信，社会能不乱套？故而，孔子对门徒发如此感慨。近代也有人看到此。康有为曰：若人无信，则一步不能行也。孔子之为道，不尚高远，专为可行。以道者为人之道，非鬼神之道，则亦当为人所同行者也。故道，无论如何，人人可同行，则为大道；人人不可行，则为非道。所以尚信者，非不知变诈权术可私得大益也，然为一人之私利，则为众人之大害，不可互行也。且变诈权术，终必自困于行，不可互行者。既非公理，圣人所不言也。

只怪社会太复杂，孔子一定是吃亏太多。由此可洞知，乱世谎话诈术之大行也。民众皆对当时政治失望之至也。根在哪里？为政失信。此乃社会风气腐烂之大根。孔子批判曰："大车无輗，小车无軏，其何以行之哉？"国家政权这辆大车失去方向能不乱吗？

人是什么？曾亲耳听到一哲学教授说：人是能够制造和携带工具的高等动物。记得当时立马有人大呼：猴子拿一根棍子就变成人了？那么，以"有德有信之行为主体"作为人的基本概念比较靠谱吧！

中国夏代信图腾和祖宗，从春秋到汉唐信的是圣人和道德，当代中国人坚信"中华民族伟大复兴"。

八佾篇第三

孔子谓季氏："八佾舞于庭，是可忍也，孰不可忍也？"

奇妙的中国"忍"文化

中国古代文人绘画最后一笔有所谓"画龙点睛"之说，但中华文化造字其实有时甚于画龙，你看先辈们造的一个"忍"字，将人的一颗心放在大刀之下当成了肉俎，岂不让人心惊肉跳？妙就妙在刀刃上还加上一"点"将刀否定，使人心毫发无损，安然无恙。岂不妙哉！

这就是忍，这就是中华"忍"文化！中国文化有温柔吗？水是顺柔，刀上一点"水"，故中华文化有其柔。中华文化有坚强吗？你想，刀是钢材，中国文化能没有刚强？从而，有刚又有柔。这就是中国文化的极大奥秘，这亦是《易经》的乾坤阴阳平衡之美。古代文化学问大着啊！

文化塑造性格，那先祖炎黄尧舜，一个个刚烈而爱民。孔子对其做了理论阐释。为什么孔子创立儒家思想的核心是仁？仁有孝弟，爱他人，是做人的准则。这就是柔，所谓柔情似水正在此。梁漱溟先生说得更明白："仁是一种柔嫩笃厚之情"。但儒家仅是柔吗？孔子出身贫贱，自强不息，朝闻道夕可死，是刚。孔子谓季氏："八佾舞于庭，是可忍也，孰不可忍也？"《论语注疏》曰：此章论鲁卿季氏僭用礼乐之事。人之僭礼，皆当罪责，不可容忍。季氏以陪臣而僭天子，最难容忍。虽看不下去，但孔子师徒未"暴虎冯河"。故儒家确为有刚有柔，合中庸，存宇宙，生万物。

古代民间是暗中流淌着"忍"哲学的。吾祖父曾多少回劝谕刚烈少年曰：忍得一时之气，免得百日之忧。慈祥的老人们也是一声声道：忍字头上一把刀，世间何事忍不了？

大人物们有忍吗？世界在他们手中玩转，倘若每日怒发冲冠，那地球岂不是天旋地转翻江倒海？秦始皇修长城、汉武大帝派张骞出使西域都有忍。忍是等待，忍是智慧，忍是坚持，忍是蓄力，忍者志在最后胜利！

三家者以《雍》彻。子曰："'相维辟公，天子穆穆。'奚取于三家之堂？"

孔子为何不服气

人性之弱点不在先天而是后天见分晓！这是孔子的观点。你想，农夫或者贵族的孩子从娘肚子掉下来，一个个胖乎乎赤条条那么可爱，大家又差不多。可是，后来渐渐分化异化了，有人头顶彩云，九鼎至尊，群臣拥簇呼"天子"；有人树叶遮体，野草果腹，快步如飞，活脱脱似一只两脚野兽。贵贱命运，这是何方神圣安排？这个世界怎么了？

因为人的心窝那一块肉是天生不平的，不信你摸摸看。而人后天却要去"平等"。鲁迅以为人是善于模仿的高等动物。那好吧，你坐在王位上，大家都看着你，你又没有三头六臂，那问题就来了。连阿Q那小子都心生出了平等意识，大呼："和尚摸得，我摸不得"？帝王侯公三六九等，你做得我做不得？人性弱点在春秋乱世当然更是如此，鲁国大夫孟孙、叔孙、季孙氏三匹夫，竟敢在自家偷偷模仿着天子庄严的祭祀仪式，使周天子祭宗庙所唱之颂歌《雍》响彻大夫家。

反了！反了！这是犯上作乱！只因周室衰微，天下离心，从前一统江山早为分裂代替，邦国林立山河破碎。多事春秋啊！正所谓"兴，百姓苦；亡，百姓苦"！却有一草民心怀拯救意识，眼见这孟孙、叔孙、季孙三个大野心家蠢蠢欲动。"三家者以《雍》彻"。无礼！孔子急在心头，曰："'相维辟公，天子穆穆。'奚取于三家之堂？"《论语注疏》曰：此章讥三家之僭也。是知天子祭于宗庙，歌之以彻祭也。今三家亦作此乐，故夫子讥之也。臣僭君制，冠履倒置，礼仪荡然，攘夺之心，昭然若揭。可是怎么办？孔子虽手中无权，帐下无兵，竟以书生之气大无畏站出大喝一声："相维辟公，天子穆穆，岂是你家唱的？"书呆子，危险了！

孔子虽勇气可嘉，而历史却是由力量推动的。孔子有学识，但在"三家"看来，孔子不过草芥毫末而已。所以，鲁国大权终于被三家瓜分了！孔子唯有长叹道德沦丧！

子曰："人而不仁，如礼何？人而不仁，如乐何？"

中国哲学的"人论"丰碑

新石器时代社会生产力仍是让人怀疑和同情的，很多人吃不饱。但后来人们吃饱之后就犯傻：你看我，我看他，还看四腿的猫狗。于是就傻乎乎地问：人是什么？人之本何？不仅东方问，西方也问：什么是人？哲学认为这是一个根本之问！从此，人的思维智慧大渠开辟了，聪明人一个个问将起来：

《尚书》之问：人何以为贵？

苏格拉底之问：人是什么？

哈姆雷特之问：生还是死？

托尔斯泰之问：人活着有何价值？

马克思之问：什么是人的本质？

更有孔子之问："人而不仁，如礼何？如乐何？"《论语注疏》正义曰：此章言礼乐资仁而行也。言人而不仁，奈此礼乐何？谓必不能行礼乐也。振聋发聩！这是中华道德伦理命题：人须有"仁"，是关于"人的属性"的论断。

请循其本。什么是人？有哲学家说，人是能制造和使用工具的动物。还有哲学家说，人是最名副其实的政治动物。而孔子诠释的中华文化对人的定义则为：人是有道德意识和道德行为的自觉存在。孰是？孔子谓人的仁和礼不也有政治吗？孔子以前，世界文化没有"人论"只有"神论"。鲁迅说了公道话：孔子在神鬼嚣张的蒙昧时代，在神主宰世间一切的时代，第一次发声肯定人的地位、作用和尊严，这很了不起。孔子确乎第一个有了"人的发现"，第一个揭示人的价值，第一次提出"人的后天发展理论"。他呼喊着：爱人、教人、恕人、知人、善人、重人、在人、成人、方人、由人、举人、弘人、事人、为人、安人、兼人、正人、德人、诲人、好人、仁人等。这是中华古代文化的"人论"！这是2500年前最人性的声音，比卡希尔的《人论》丰富多少？只有马克思"人的全面发展"理论可以媲美。

孔子、马克思是人类解放的推动者。人从哪里解放？从自然的奴役下解放，从神的奴役下解放，从人的奴役下解放。人的解放之路何在？在人的阶级斗争，在科学和生产力发展。科学是要将人从自然奴役下解放。孔子要人们远离天地神祇，要将人从对神的崇拜、迷信和奴役下解放出来，是人的认知解放。马克思的阶级斗争学说号召"全世界无产者"联合起来！那是人类的彻底解放。

林放问礼之本。子曰："大哉问！礼，与其奢也，宁俭；丧，与其易也，宁戚。"

中华文化的"大哉问"

人类群居而建立城市之后，文化就骤然丰盈起来，精神顿立，文明成形。古埃及、古巴比伦、古印度、中华，四大文明横跨广袤的亚欧大陆，另有玛雅文明、非洲文明等百十种大小文明蓬生，地球上一派明丽的繁荣景象。

然而，文明诸多，领先者谁？东方华夏也！他们创立了一种"礼"的形上之物，实在惊天地而泣鬼神。"礼"诞生对世界文明非同凡响。因为礼乃表征人兽之别，是人类第一个文化体系。《礼记·曲礼》说："圣人为礼以教人，知自别于禽兽。"《易·序卦传》亦云："物畜然后有礼。"而许慎《说文解字》将"礼"解释为"礼，履也，所以事神敬福也。"所以，一个"礼"文化，是华夏民族的原创，是人类迈入文明的标识，是世界文明发展的里程碑。

哲人爱礼。孔子竟然在百家中最先发现"礼之用"与美，他赞周公之礼曰："周鉴于二代，郁郁乎文哉！"礼是多么繁茂！但他又发现"礼"文化有坠亡之危，忧心忡忡地说："夏礼，吾能言之，杞不足征也。"孔子顿感生命沉重，责任如天。《礼运》说："夫礼，天之经也，地之义也，民之行也。"先王所创，这么宝贵美好的东西岂可让其失传断绝？不能！孔子发誓要作"上天之木铎"，要挽救礼文化于濒危。终于在他艰苦卓绝的努力下，《礼》《书》《乐》等典籍搜集整理成册。中华有幸，人类有福，华夏三代礼文化获得救赎而重生了。

是故，当林放问"礼之本"时，岂不正问到孔子心坎上了？老先生好不振奋，大声说：大哉问！问得好！"礼，与其奢也，宁俭；丧，与其易也，宁戚。"《论语注疏》曰：此章明礼之本意也。言礼之本意，礼失于奢不如俭，丧失于和易不如哀戚。这不是孔子的一贯主张吗？尊礼反奢，丧事从简表达哀伤即可。至于那人殉、甬殉都是违礼违人类天性的。何也？马克思说，人的根本就是人本身。礼之本为人（仁）啊！

林放一个"大哉问"，揭示一个"礼之本"，世界至今受其赐。我们能不珍爱中华第一个文化体系吗？

子曰："君子无所争。必也射乎！揖让而升，下而饮。其争也君子。"

儒家否定竞争精神吗

近代西方对人类文明的巨大贡献，是电灯、电话、计算机这一系列科技发明吗？错！达尔文和亚当·斯密这两位巨人的发现比这些技术发明要闪亮百倍！最开阔人的视野的是什么？是思想观念。达尔文揭示"进化论"原理，把亿万斯年生命世界的糊里糊涂以一个字说得明白："竞！"亚当·斯密《国富论》将人类社会经济纷繁现象也归结一个字："争！"原来我们的命运被社会那只"看不见的手"掌控着，自从进入资本主义时代以来，多少人都被摆到了市场的刀俎上，正像大草原上被狮群野狗追逐吃掉的牛羊：可怜的人类——我们！

人类的智力进化到跨越类人猿阶段以后，已极发达了，但还是不够用！他们竞争什么？是"利"。这么一丁点食饵令大家争逐得东奔西突，大汗淋漓。中国古人是已经看到这一致命弱点，司马迁感慨曰：天下熙熙皆为利来，天下攘攘皆为利往。二千年过去了，经过这么多苦口婆心地劝谕训诫，人类该上进点儿吧？可是，我们看一眼这个资本世界，怎能不失望透顶？多少利己主义的旗帜在高扬？马克思直白：有50%的利益他们就置生死于不顾，有100%的利益他们敢铤而走险，有300%的利益，他们就敢践踏人间的一切法律，甚至被绞首的危险。这是人类的道德困局，还是人类的智力困境？

子曰："君子无所争。"有人据此以为儒家不思进取贬斥竞争。大谬！《论语注疏》曰：此章言射礼有君子之风也。"其争也君子"，孔子以为君子之争是可以的，没有否定啊，这就是智慧。

子夏问曰："'巧笑倩兮，美目盼兮，素以为绚兮。'何谓也？"子曰："绘事后素。"

曰："礼后乎？"子曰："起予者商也！始可与言《诗》已矣。"

美是一种稀缺资源

早先，人类的向往与追求其实很简单：第一是饱暖，第二是美色。皇帝大权在握先下手为强，山珍海味，佳丽三千，浪费了宝贵资源。这是人的先天秉性使然，还是后天习得恶念所致？抑或骚客诗人浪文误导？

始作俑者其孔子乎？且看他编辑的《诗经》之溢美："巧笑倩兮，美目盼兮，素以为绚兮。"把一个女子的白脸蛋、美眉目描绘得如何艳绝！能不搅得门徒神魂颠倒？子夏禁不住向老师诉说。孔子理解年轻人那颗躁动的心。然而，他是高明的导师，竟答曰："绘事后素。"一下子将子夏荡漾的心引导到礼的精神道德层面去了，化险为夷！《论语注疏》曰：此章言成人须礼也。下学而上达，令人叹为观止！"君子之教喻也"，古今多少教师可有这样高超的教育技巧？

人类是享乐主义者，我们恰处在一个弘扬极美的疯狂时代。世界小姐、环球佳丽评选如火如荼，目不暇接！美女们哪一个不是如子夏所描述"巧笑倩兮、美目盼兮"的？可悲的是饕餮之徒只管看得如醉如痴口水直流，可有哪一位似子夏般弱弱地问一句"何谓也？"发乎情而不知其所止，文明的浅薄岂止小人？可见，人性弱点要化民易俗，其路正长。

孔子赞美色而言诗情，是他灵机一动心性使然，还是与子夏心有灵犀？无论如何，令人欣慰的是这师徒俩真真切切地理论起诗章来了。这才是文人正业书香雅趣。但令人焦心的是，你有一个诗人朋友吗？你有与他人谈一回诗吗？毛泽东是有谈诗的。他与臧克家谈"诗言志"，与陈毅谈"诗歌要用形象思维"，与柳亚子谈"诗人兴会更无前"，与郭沫若谈"解诗之难"，与周恩来谈"父母忠贞为国筹"。谁知这位诗人胸中装载、洋溢着多少古今诗篇？那孔夫子编纂"诗三百"，又苦又累又不署名不评职称，枉花了多少心血？

孔子做的无用功吗？欣慰的是，蚕吐丝的时候未曾想到吐出一条丝绸之路，《诗经》却真真引出一个诗歌的国度。中国诗章与《伊利亚特》"战争颂"又何为世界文明大典？然而，在唐诗、宋词里，有谁读见了孔子？

窃问：今之诗歌之美何在哉？

或问禘之说。子曰："不知也；知其说者之于天下也，其如示诸斯乎！"指其掌。

一个民族的深邃文化天空

孔子的天下观是什么样的？天高云淡？繁星灿烂？那时候，孔子陋居阙里之乡，饭疏食饮水，以丧葬为业谋生，人卑身贱，却没有鼠目寸光匍匐而行，而是以一贯情怀，直视寰宇，志兼天下，欲行大道，拯救生灵百姓，脚踏实地又仰望星空。呜呼，此草民乃民间哲学家耶？世之奇人耶？雅斯贝尔斯以为孔子为轴心时代（约前800—前200）的巨人之一，果耶？

"大道至简"这个方法论被儒家率先掌握了吗？"或问禘之说。子曰'不知也；知其说者之于天下也，其如示诸斯乎！'指其掌。"《论语注疏》曰：此章言讳国恶之礼也。或人问孔子，禘祭之礼其说何如？孔子答言，不知禘礼之说。答以不知者，为鲁讳。讳国恶，礼也。若其说之，当云"禘之礼，序昭穆"。时鲁跻僖公，乱昭穆，说之则彰国之恶，故但言不知也。《论语稽》亦云：今禘礼则又于七代九代之上追本求原，祭始祖所自出。譬之树木，根大则枝茂，其高百尺，其荫之广益必百尺。王者由下溯上，能探一本之原，即由近及远，能措天下之事，故于天下如示诸掌。

世间万物天下之至其理一也，不正如人的那个巴掌一样明明白白吗？而孔子的认知是世太乱、民太苦！孔子心中似乎有了一条变革路线，可惜他手中却是空空。他说："吾何执，执御乎？"手上只有一条马鞭，他只不过是一位车夫罢了！纵有弟子三千，贤人七十，可都是书虫。所以，孔子只有靠一张嘴四方游说，鼓吹德政，冀望那些君王良心发现，放下权力欲，止息干戈。岂非与虎谋皮，失败悲剧早就埋下了。孔子只得灰溜溜地退出政治舞台，专事教书匠之职了。

中华文化"其说者之于天下"，有知？

子曰："周监于二代，郁郁乎文哉！吾从周。"

谁是中华古代文化自信第一人

我们这个星球的数千年文明，有创造者，有发现者；创造者万千，发现者几稀。哥伦布凭什么青史留名？发现了新大陆而已。历史上最大不公，乃是遗忘孔子为中华古文明文化大美之发现者、保护者。

中华文明真的从未中断过吗？它的确数度濒临灭绝边缘。第一个危险期在东周。天子失威，礼崩乐坏，诸侯争霸。一下子冒出200多个大小邦国，互相倾轧混战，争地争名争权，杀得尸横遍野天昏地暗。所以，春秋堪称中国数千年历史上最分裂野蛮时代。中国有哪个朝代像春秋那样邦国林立呢？

那时，诸侯们身为国王兼军阀，只想吃掉他人。所患者敌，所思者战，所依者兵，又有哪个诸侯王有闲心去关心竹简和甲骨文书册呢？而文人们是逃命，到处散发着腐尸臭味和刀兵血腥。由炎黄尧舜三皇五帝开创的文明基业和文化典籍，在战乱浩劫中已命悬一线。

面对社会浩劫，本为王室史官的老子却骑上一头毛驴跑了，墨子是身背工具箱夹在逃难的灾民中嘀咕着逃了，只有孔子面对文明危机，焦虑万分，他说："文王既殁，文不在兹乎！"他到四方寻觅不免大失所望，自云：夏礼吾能言之，杞不足征也；殷礼吾能言之，宋不足征也。文献不足故也。怎么办？孔子誓当天之木铎，以救亡文。他到处寻觅访问搜集，终于将周代礼文化典籍的散册竹简一片片找回，日夜整理补缀。这时，他有了发现："周鉴于二代，郁郁乎文哉！"周代文化真是粲然大备啊！孔子是中华古代文化自信第一人！

巍巍乎，这是人类的第一次文化大发现！孔子首见乎，中华文化之大美；孔子首发乎，中华文明之郁葱；孔子首定乎，中华文化之方向；孔子首推乎，中华文化之演进；孔子首立乎，中华文化之自信。述而不作，其至矣乎？

大哉孔子，博学而无所成名！在鬼神当道之际，力拒神邪，坚定的一句："吾从周！"有睿智，有情感。这是一位精神强大、独立思考的哲人的文化立场。孔子不跟风，不畏暴，不攀势，不惧神，不怕死。这需要何等的勇力和理性？三军可夺帅匹夫不可夺志，此之谓也！

"郁郁乎文哉"，这就是中国古人的文化自信！

子入太庙，每事问。或曰："孰谓鄹人之子知礼乎？入太庙，每事问。"子闻之，曰："是礼也。"

中华古代文化缺少问题意识吗

大学怎么了？两弹一星元勋钱学森晚年忧叹：中国的大学为何培养不出创新人才？呜呼！此大哉问也！

若问大学何疾：你为何高高在上俯视学生？你为何冷漠如冰缺乏温情？你为何消磨个性千篇一律？你为何装腔作势自恃全知？你为何高楼林立大师稀少？你为何忘却担当，趑趄不前？

那么，大学之病起于何时？起于中小学？幼儿园？孩子本应是天真无邪充满好奇好问，问天问地问万物，而父母却来一顿训斥。错！错！错！当一个小生命呱呱坠地，父母却以为神童降世，遂日夜战略规划，倾力打造天才神童。错！错！错！糊涂啊，语数理化外、琴棋书画舞，拼命往那个小脑袋里头装啊灌啊！幼儿稚嫩之脑袋岂是容器水缸？家长自小儿踏进学堂门之日起即拉着孩子向常青藤名校迅跑，牢牢捆绑在分数上，一座座分数排行榜的大山压在头顶。儿童们的生命体验只一个字：苦！

大哲孔子弗如是。"子入太庙，每事问。"孔子何人？放羊娃也。孔子何知？乃问而知也！孔子爱问。须知中国为何造出"学问"这一词汇来？学问、学问，学子们倘若不问，何来学问？

"每事问"，这是孔子质朴的求知法，亦是古代中国文化的认识论。孔子的学习，是问、学、观、思、行五者为一个整体，不可分割，全部奥秘在此。孔子原本就一常人，他的学问为后天发愤学而时习之，哪有上帝那样的先知先觉？所以，孔子让自己走下神坛，这是中华文化之本色之大幸！

有人以为中国文化缺失问题意识。真的？错！吾师张岱年以为：老子就有本根问题意识，而孔子是"每事问"，并引导学生多问。孔门学校好问已蔚然成风，问天问地问仁问政。这不是古代就有问题意识吗？但中国文化穷极事物之问了吗？中国高校能生长出孔子门徒那样好问多问善问每事问吗？学子们，让我们牢记：

问题，是时代的声音！

子贡欲去告朔之饩羊。子曰："赐也！尔爱其羊，我爱其礼。"

一次道德良心的艰难抉择

人类面临着太多艰难困境，又十分容易掉入伦理陷阱。有一天孔子门徒子贡就拿一难题问老师：活羊祭祀太残忍，可以去羊吗？孔子鲜明地答："赐也，尔爱其羊，我爱其礼。"《论语注疏》曰：此章言孔子不欲废礼也。《四书训义》曰：朔之必告，崇天时以授民以奉天也，定天下于一统以尊王也，受成命于先公以敬祖也，其为礼也大矣。

这就是孔子！没有回避现实、善恶。《论语义疏》曰：于时，鲁家昏乱，自文公不复告朔，以至子贡之时也。时君虽不告朔，而其国之旧官犹进告朔之羊，子贡见告朔之礼久废而空有其羊，故使除去其羊也。孔子是有一点彻底唯物主义精神吗？还是缺失仁道主义心肠？未知也！但是，孔子避免与世俗对抗"从民欲也"是真。孔子爱的情感是社会产物，看似不惜生，却并未奢侈浪费，羊祭祀而后人食之。孔子如此乃是对于事情本质终极之思之为，这就是彻底。马克思谓：理论只要彻底就能说服人。所谓彻底，就是抓住根本。

孔子思维确有根本性。羊之命的彻底化相对自然，人和动物完全一样终归于"无"。此时，人和羊不是相同了吗？人和羊不同的地方，从根本上说，不是外貌而在于人的意识代替了人的本能，或者说人的本能是被意识到的本能。子贡欲去告朔之饩羊，乃以人之意识度羊之命，以为羊之似人之痛苦？孔子知羊之终为人之食物。子贡怜悯羊是具体的人心，孔子尊规尽礼是形上之心。其心一也。这真是一次道德良心的艰难抉择。

———————

哀公问社于宰我。宰我对曰："夏后氏以松，殷人以柏，周人以栗，曰，使民战栗。"子闻之，曰："成事不说，遂事不谏，既往不咎。"

孔子是古代实事求是精神的探寻者

夏代是中华第一个国家王朝，是中国历史迈入文明门槛的标志。《论语》云："夏后氏以松。"松木高大。代表夏代的奴隶主政权是国家的最初级、最野蛮的形式。所以，人类迈入文明的第一步是以痛苦开始的。婴儿降世不也是痛且哭着吗？但社会演进到夏代，世象大变，从前属于大伙儿的土地、森林、河流、弓箭、渔网、石斧、鸡、狗，等等，所有权突然变成少数人。身体健硕的青壮年再也不是打猎先锋，而是属于奴隶主的打手——暴力机关，维护首领的私权。人们哪里搞得懂呢？

"成事不说，遂事不谏，既往不咎。"这是思想解放！孔子力求人的意识不受主观偏见支配，有一点实事求是思想萌芽吗？无论如何，中华文化认识论终于成长起来，达于"实事求是"。这是马克思主义认识论以前人类最先进的认知吧？

夏周统治者对树木之偏好其实也影响感染了后代文人。太多文人有奇怪的木植情结：为何孔子爱在杏坛下讲学？为何苏东坡"宁可食无肉不可居无竹"？为何陶渊明喜菊，郑板桥爱松？鲁迅小时候迷恋百草园的覆盆子和木莲们？而林语堂确乎在松树下睡觉才有梦。这不关乎星座属相，却是明白的"树座物相"。

人类心理秘密，谁能猜得透解得开？

子曰:"管仲之器小哉!"

或曰:"管仲俭乎?"曰:"管氏有三归,官事不摄,焉得俭?"

"然则管仲知礼乎?"曰:"邦君树塞门,管氏亦树塞门。邦君为两君之好,有反坫,管氏亦有反坫。管氏而知礼,孰不知礼?"

孔子如何看人之大量与小器

社会是大舞台,每个人皆是角色。在生活,在表演,在被观看,在被评价。谁免得了呢?

这不,孔子开口评论人了:管仲器量小啊!人问为什么?孔子云:他家里的设施屏风、堂台处处暗中与国君比高低,这知礼吗?的确,管仲这种作派让人看不顺眼。你贵为一国之臣,怎能贪图享受须臾小事?清代著名学者程瑶田曰:事功大者,必有容事功之量。尧则天而民无能名,盖尧德如天,而即以天为其器。夫器小者,未有不有功而伐者也……舜禹之有天下而不与,盖舜禹之德亦如天,亦即以天下为其器。夫器小者,未有不富贵而淫者也。其富贵愈显者,其淫益张。谁心中无衡?

何为大器?苏轼曰:自修身正家以及于国,则其本深,其及者远,是谓"大器"。扬雄所谓"大器犹规矩准绳",先自治而后治人者是也。管仲三归反坫，桓公内嬖六人，而霸天下，其本固已浅矣。管仲死，桓公薨，天下不复宗齐。且乱矣。

而为什么孔子非得出来发议论？是他以为人们对管仲认知有偏。惠栋曰：盖当时有以管仲为大器者，故夫子辨之。所以，孔子担心人们仿效，影响天下归仁大事。《论语正义》曰：此皆以管仲骄矜失礼为器小，无与于桓公称霸之是非也。

但是，孔子之于人到底是看大局的，他赞扬管仲"九合诸侯，不以兵车"。功归功，过是过，惜在其本来可以更好。孔子是教育家，他评价管仲，其实是要勉励门徒后生们可学可不学。

大义微言，意其高远。

子语鲁大师乐，曰："乐其可知也：始作，翕如也；从之，纯如也，皦如也，绎如也，以成。"

儒家精神世界里有音乐元素

人类生活的这个世界可有一点乐趣？何况是在战乱的春秋。孔子志在"为政以德"安百姓，而看到的却是苛政酷刑，他心里能不痛吗？

然而，孔子也有快乐的时候，音乐是他老人家最爱。在给门徒讲学之余来一次音乐欣赏，那是多么神驰放松时刻！一进入美妙的音乐世界，孔子的神经和智力就张扬起来，滔滔讲起哲学来了。

子曰："乐其可知也"！门徒懂吗？这就是文化观点：音乐是可以感受的，世界是可以感知的，人民是可以教化的。而大哲学家休谟在二千年以后仍坚定以为世界不可知。何其了得！当时，孔子这位大师痴于音、醉于乐，全神贯注于鲁大师们演奏的全过程："始作，翕如也；从之，纯如也，皦如也，绎如也"，高潮迭起，最后，戛然而止，完美收官。啧啧！

演出实在精美绝伦，引人入胜。虽然千年之隔，我们仍有身临其境之感。中华神人神器神乐，有国家一级文物的战国编钟佐证！礼乐文明，可咏可叹！

孔子仅仅是在赏乐吗？非也！入木三分谓之深，由此及彼谓之远。孔子是观象以察音，听声而析理，具象而抽象，见树木又见森林，世界岂不是彼此关联的一个整体？其实，孔子这是谈中国哲学的"中""和"之道啊！音乐未奏，犹喜怒哀乐之未发，谓之中；发而皆中节，谓之和。有大作家曾说，音乐是思维着的声音。孔子哲学的最高范畴不也在音乐中显现和蕴含了吗？原来，孔子是在教门生在音符中做形而上的思维。

其实，这些演奏者皆为瞽矇，孔子对他们尊重欣赏，如醉如痴。而孔子一生忙碌奔波，难道不该有安详一刻？孔子的精神家园内浸润着美妙之音。大哉！

子谓《韶》："尽美矣，又尽善也。"谓《武》："尽美矣，未尽善也"。

中华古代文化早有尽善尽美追求意识

中华士人是从来未放弃对美的追求的：生活美，生存美，物象美，自然美。王羲之有《兰亭集序》，李白有《春夜宴诸从弟桃李园序》。或"群贤毕至，少长咸集"，或"开琼筵以坐花，飞羽觞而醉月"。真真羡煞人！人间至美至乐有甚于此乎？

孔子对上古文化早有鲜明评论。子谓《韶》："尽美矣，又尽善也。"谓《武》："尽美矣，未尽善也。"这就是中华文化真善美立场和标准！孔子是美好音乐发烧友。而苏格拉底却以"功用为美"。他认为即使一个粪筐，只要对人有用，就是美。美物美象当然可以有不同的。西人有所谓"所有的美都是真"之说，而孔子言美言善未言真。孔子知真、有真乎？

孔子秉性有真。"知之为知之，不知为不知"，其知真；"吾少也贱，故多能鄙事"，其身真；"不知老之将至"，其心真；"子于是日哭不歌"，其情真。"若圣与仁，则吾岂敢"，其名真；"仁远乎哉，我欲仁，斯仁至矣"，其德真。是故，北大汤一介先生认为孔子讲善美真。

孔子赞《韶》《武》，其实是畅想道德文化。《韶》《武》有美善有道德，然而道德不能当饭吃，不能防豺狼。孔子《韶》《武》如何挡得住人家的坚船利炮？落后挨打如何能不再重演？国人切勿在《韶》《武》中麻木啊！

子曰："居上不宽，为礼不敬，临丧不哀，吾何以观之哉？"

孔子为何对贵族充满轻蔑

西人赫胥黎特别关注人类在宇宙的位置。人为万物之灵，其实，人是如此可悲可怜！西方人的上帝说：你还不是我造出来的！记住：你不要妄想与我平等，你的义务就是服从；你不要去思考，你的天职就是虔诚；你生来带有罪恶，你必须一辈子向我忏悔。

幸亏还是幸运一点，我们不归大神管辖。何也？这是孔子当年对"神"的两面态度"敬而远之"所致，虽然后来也有中国人愚弄起"大神"来，请一个木匠找一块木头，七斧八凿照着人的大致模样雕出来，然后说："这个是'神'！"就让人家恭敬祈求起来，若一忙碌就丢到了一边。所以，中国人到底没有真正把"神"放到天上、敬到心上。

那么，孔子心中有没有权威意识？孔子不但对"神"是极其冷淡，对权贵也是腹诽抨击大不敬的。他列出高高在上的当权派一身毛病："居上不宽""为礼不敬""临丧不哀"。古代官员怎么了？孔子心中的官员形象确是糟透了：心胸狭窄之小人，缺乏文明素养不懂尊重他人的蠢货，缺少同情心不知人性为何物的冷血动物。这些贵族身居高位心中没有老百姓，这个社会还能搞得好吗？孔子看不下去了，怎么办？他老人家首先是创立儒家思想理论，举起"为政以德"旗帜；其次是开门授徒，从民间选拔培养新型人才准备向政坛进军接过权力，取而代之，以实现德治理想。使"老者安之、少者怀之、朋友信之"，走向大同社会那条"大道"。

里仁篇第四

子曰："里仁为美。择不处仁，焉得知?"

儒家美学:"仁"乃人间之大美

人类是自作聪明的动物。他们喜欢自以为是，在教科书上说：人是唯一有智慧思维的高等动物。苏格拉底以为人有哲学"爱智慧"。而笛卡尔云：全部科学合在一起乃是人类智慧。却有佛教徒云："木食草衣心似月，一生无念不思他。时人若问居何处，绿水青山是吾家"。谁智慧？谁白美？

现代社会以奢侈为美越来越时髦，但古代孔子异之，子曰："里仁为美，宅不处仁，焉得知"？怎么？房子再豪华，不若仁美？孔子也太脱离群众了吧？一个环境问题就上纲上线？但这就是哲人，这就是化民！仰望星空，老百姓生活里总不能天天只顾往口里扒饭一种活法吧？

儒家以仁德为智美。何也？牛吃草，狮食肉，唯有人类拥有道德资源养浩然正气。为什么儒家强调向仁、重德？好让弟子与禽兽远离些呀！所以，孔子其实是早期人类社会的道德哲学家。

"里仁为美"，美什么？哲学家休谟说："美不是事物本身的一种性质，它只是存在于观照它的心灵之中。"里仁能观照心灵？中华文化应对美有哲学表达："美是某类客观存在给予人的一种正向感知"。

你看"里仁为美",人的感官与心灵顿获二重感受,孔子说得太"禅"了。他已经深刻而简略地表达出这种伦理的深奥,而怀疑论者坚决否认孔子曾有走到那么远。孔子只是提供一种警醒一种智慧一种选择:人的能动性寓于"里"之选择中。孔子认为,环境可由人影响而改变,其曰:"君子居之,何陋之有?"民间盛传的"孟母三迁",一些父母和教育家津津乐道,而在哲学看来,那不过是"环境决定论者"的单相思。马克思主义的立场是:人创造环境,同时环境也创造人!

子曰:"唯仁者能好人,能恶人。"

仁者将是非好恶观鲜明示人

尧舜时代,人类早已有了完备的善恶标准了吗?人类的原初经验大约是全然无序的,也是未有尺度丈量的。

孔子小时候"入太庙,每事问",大约已感知到人类在宇宙可怜的位置。事实上,孔子尚未知人有三重困局:一为自然界所囿,二为神祇所役,三为精神所抑。而苏格拉底的信条是:为自己而向善,做一个内心自由的人。可是,在现世中,孔子这位草根没有感到生活自由,那就让精神去自由驰骋吧!虽然,人们每日熙熙攘攘为利而忙,自由不起来。怎么着？孔子看到了根本，人可以进入精神的自由境界。子曰："唯仁者能好人，能恶人。"这是儒家好恶观。仁是春秋新阶级的思想旗帜。仁者看透天下，爱我所爱，憎我所恨，坦荡示人，无所羁绊，实现精神自由行。

孔子似乎找到人的精神解放之路。马克思也以为：任何一种解放都是把人的世界和人的关系还给人自己。孔子把选择的主动性还给人自己了，但尚未达到对人的本质实现真正占有。虽然，他对人的自由、解放、人性至善有不懈之追求。

尊德行而道问学，致广大而尽精微，极高明而道中庸。但对人的本质的真正占有，应该是与生产力发展水平的一定历史阶段相联系的。孔子时代有点天方夜谭。但是，野蛮的当代人是不管这么多的，他们批判孔子未向资本开火。好在孔子已经放下——"能好人，能恶人"。由他们去吧！

子曰："人之过也，各于其党。观过，斯知仁矣。"

儒家对于有过错的人是什么态度

余生也晚，可惜，孔子却生早了些，比耶稣早生551年，世人见到孔子与耶稣有一认知相近处：人并不完美。耶稣认定人有罪，生而有罪。孔子认为人有过，后天之过。两位又都是开"处方"的精神医师，耶稣的处方是要人们每日里"忏而悔罪"；孔子则要人们行动中"观而改过"。这就是为什么人们整日在现世忙忙碌碌而心事重重。

儒家过失观相当宽容。既然人不是神，孰能无过？孔子早就主动坦诚："丘也幸，苟有过人必知之"。孔子竟然承认自己"丘也有过"。夫子带了头，后代坦荡荡。批评和自我批评是中国共产党的优良传统和作风。这是中国的纠错文化，大家真是政治明白人！

世界上没有直路，也没有不犯错误的人。我们摔过跟头之后，站到了地面上。"实事求是"，回到实践根本了！中国人走得多稳当。现今中国已成为世界第二大经济体，中华民族正走向伟大复兴。

子曰："朝闻道，夕死可矣。"

孔子的理论勇气

孔子是人类寻觅者。寻觅什么呢？财富？长寿？子曰："朝闻道，夕死可矣。"斯言既出，四方皆惊，孔子寻的是"道"！原来他是要得道！这位先圣求道之心何其炽烈！人类对真理的崇拜何其热情！然而，可怜先祖们千呼万唤——道，你在哪里？

马一浮先生在读到《论语》此一"闻道"章时涕泪满襟，他说："此明生死之古文也"。志士之求，"道"至尊如此，却又是那样遐远。"道"何在？它可求吗？千百年来志士仁人苦苦寻觅，欲知"道"之所在，"道"为何物？老子曰"有物混成，先天地生，寂兮寥兮，独立而不解，周行而不殆，字之曰道"。一部《道经》和《德经》能窥见他的心灵之旅，但他最终得"道"了吗？还是不知道。

然而，"道"真的不可以捉摸吗？《易·系辞》曰："形而上者谓之道，形而下者为之器。""道"在器先，"道"在器上。《左传》也说："天道远，人道迩，非所及也。"中国文化对"道"真是给足了面子和地位啊！真真佩服这个民族对真理的追求，那么早古，那么顽强！那么坚持！这是欧洲德意志人说的那种"在科学的崎岖小路的攀登上不畏劳苦的人"之精神缩影。

读人类文化史，到中国春秋时，顿觉面前突兀耸立一座大山——伦理之山。孔子儒家学说骤然构筑起一座道德高峰。人类的伦理思维武器库忽然空前充盈起来：仁义礼智信，温良恭俭让，道德善宽敏，忠孝弟恭敬，美恶廉耻诚……世界上有哪个民族、哪位哲人一下子能提出如此之多的道德范畴？马克思曾说，资产阶级在它不到一百年的阶级统治中所创造的生产力，比过去一切时代所创造的全部生产力的总和还要多，还要大。而吾以为，孔子在七十三年生平中所创造的伦理概念，比他之前数千年创造的理论范畴总和还要多、还要深、还要广。对这些真理寻觅者，能不令人肃然起敬吗？

一个"少也贱"草民，怀抱"闻道可死"之心。孔子的理论勇气，睥睨世间，谁出其右？

子曰："士志于道，而耻恶衣恶食者，未足与议也。"

道、食人间境界说

物以类聚，人以群分。这是一种什么神奇力量左右而使然？但是，"贼好似秦赵高指鹿为马"，是逼人站队。而生活中有些人你硬是不想搭理他：他够不上你的"份"，不是你的"类"。"竖子不足与谋"，范增那是何其生气而小瞧项羽啊？

孔子又如何？"士志于道"，你一个有理想的士却以破衣恶食为耻，此岂能谓之士？毛泽东曾有遭遇，上湘乡高等小学在一群锦衣玉食阔少年中穿一件土布破袄，却每每成绩第一，怎不挨欺受气呢？

孔子是无礼吗？子曰："士志于道，而耻恶衣恶食者，未足与议也。"这是大礼！所以，人以群分。衣服是人的要素吗？孔子真是个率性而为的汉子。

历史之鉴。项羽说："富贵不还乡如锦衣夜行"。他的风头却是霸王别姬乌江自刎成千古之叹。而中国士大夫精神何以强大自信？是靠几件衣裳吗？笑话！春秋之士乃与农工商同列底层，靠自己的技艺讨生活。彼时青年孔子为儒士，吹吹打打为死人办丧礼。所幸，孔子于此一行颇精通，那是"从娃娃抓起"的缘故。他幼儿时代曾游戏"陈俎豆，设礼容"。但那是对"神"，而死人是鬼。不过在商周时代神鬼基本上是一类，后来汉唐以后，外来的佛教发展起来，神就神气起来了。木头上要有金身，外表要披袈裟。所以，神通人性，知道"恶衣恶食"是要被瞧不起的。况且，"神"也没把孔子当己一"类"。

"求道"与"求食"，孔子要人做选择：五斗米？万户侯？道、食人生境界，难道孔子是有饭吃才要活着吗？

子曰："不患无位，患所以立。不患莫己知，求为可知也。"

知识改变孔子命运了吗

每日在职场打拼，人们对自己的职位满意吗？据说85%的人认为自己大材小用怀才不遇。

但是，孔子宽广的胸怀是另类所思："不患无位，患所以立"。让我们把功夫用到长自己本事上。难道是经历了无数的挫折、碰撞、反复才做此奇想的吗？这位放牛娃和民间丧葬业吹鼓手，若有人说他将走进君王办公厅做起部长大官幕僚来，岂非天方夜谭？然而，孔子真的做到了，终当了五年司空大司寇，把地方治理得"道不拾遗、夜不闭户"。只可惜"为政以德"理想未实现就被罢免。因此，对职场的后生来说，孔子是向前的、等待机遇的、自信的，甚而是有成功的。

孔子提出"求为可知也"，其实他是期待门徒"立"而有"位"。是故，孔子要他的每个后生学而习、向前进，人人有发展。孔子是史上最早关注人的发展的思想家。但只有马克思在历史上第一次提出"人的全面发展"理论，而人的发展实际上却总是社会的、个性的、具体的。人的发展途径也是具体的、社会的、多样的。依据知识发展、依据技能发展、依据教化发展、依据资源发展、依据门第发展、依据道德发展、依据自然发展。所以，有公平发展、理性发展，也有扭曲发展、畸形发展。总之人类是整体发展、波浪前进。如此而已，岂有它哉？

庶民有疑：知识终于改变孔子命运了吗？

子曰："参乎! 吾道一以贯之。" 曾子曰："唯。"

子出，门人问曰："何谓也?" 曾子曰："夫子之道，忠恕而已矣。"

儒家思想文化有利于社会主义在中国落地

孔子的一生告诉人们，信仰的力量何其巨大。然而，孔子是一根筋。他对门徒说："参乎! 吾道一以贯之。"这是孔子的思维定式顽固化还是坚定性?

儒家知道人是会犯错误的。曾子曰："夫子之道，忠恕而已矣"。要理解，要宽恕。苏格拉底也有"恕道"。其悲剧是，苏格拉底每次讨论会后常被人"动粗"。一次有人踢他一脚，他是忍受。朋友不平。他却说：驴子踢了我，难道要憎恨驴子吗? 哲学家就该活得如此窝囊? 怪不得有人形容孔子如"丧家犬"。鲁迅说"忠恕"和"忠厚"不就是"无用"俩兄弟?

"夫子之道，一以贯之"。孔子的道为何? 何在? 原来是在对理想社会追求，在为政以德"安民安百姓"。而柏拉图的社会理想是"哲学王"政治。孔子的理想社会是"小康、大同"。老人家为此孜孜不倦奋斗一生。谈何容易! 可惜，孔子没有看到"小康"更未见"大同"。但是，不要紧，华夏优秀子孙，已经把社会主义小康实现了！大同，他们正在意气风发地奋斗前进着！

孔子一生对中华文化的贡献说得尽吗？"道"是他的信条。孔子对道是真求真信！为什么社会主义能在中华落地开花？有孔子的大同社会理想奠下基础。中华有对美好社会"一以贯之"追求之文化，这就是"信仰的力量"。

子曰："君子喻于义，小人喻于利。"

孔子对利益观的深刻理解超越世代

大凡大哲当然是世事洞明，高瞻远瞩，他们常常劝勉人们弘扬道德，克制欲望，引领世风。人类之不幸正在于利益障目，欲望张扬，引发多少战争和无尽悲剧？千百年来一个利字就打败了无数英雄豪杰，更遑论卑鄙小人。

这是为什么？有孔子一语道出缘由："君子喻于义，小人喻于利。"豁然开朗了？人生在世，忙忙碌碌，而又懵懵懂懂。忙些什么？司马迁看得清：天下熙熙，皆为利来。利益的诱惑力太大，竟有人置身家性命于不顾。你看看这妖孽厉害不？有没有另类？有啊！其谁？君子！世间人等大而言之就两类：一君子，二小人。小人是利欲熏心，拼死求器求利，锱铢必较，浑浑噩噩，哪管他人？而君子志气高远，追求大道，心明如镜，铁肩承担，贡献社会，益于他人。此二者，可谓一个九天揽月，一个浑水捉鳖，高下立判。故孔子高屋建瓴，一语道出玄机奥秘：君子与小人之别，就在对义与利之"喻"。

儒家这一利益观超越时空。当今之世，不仅有小人，更有小人邦，甘为资本奴隶。横行霸道，自我优先，丛林法则，赢者通吃，大利归我拿来，小利也要抢掠，吃相极其难看。后果呢？《红楼梦》早有预言：好一似食尽鸟投林，落了片白茫茫的大地真干净。

子曰："见贤思齐焉，见不贤而内自省也。"

孔子哲学指出人的发展路径

自有马克思创立人的全面发展思想之后，这一理论大行其道。但是，人们却不知：中华古代孔子也有人的发展主张的。人如何发展？孔子以为，除研学与践习之外还有两点：向榜样看齐，以及以不贤之人为镜子，反省自己看有没有他那些不良行为从而改正。这样，人自己最终可以获得发展。

这就是孔子总结出的一条独特的人的发展道途。子曰："见贤思齐焉，见不贤而内自省也。"意思是，见到贤人，你就思考自己修身要向他齐等；见到不贤之人，就要反观省察自己是否跟不贤一样。朱子曰：思齐者，冀己亦有是善；内自省者，恐己亦有是恶。人是社会群体性高级动物，人群中总会有出类拔萃者，你不就有学习仿效的目标了？好了，就向人家看齐得了；人群中必有卑小不耻者，你以其当反面以之为戒就是了。这样，人每天在生活中做有心人，在人群中观察，发现、比较，长善救失，道德会在你的身体里滋长，过失在行动中消退，最终或可成为君子。《论语注疏》曰：此章勉人为高行也。见彼贤则思与之齐等，见彼不贤则内自省察得无如彼人乎。倘若按照孔子之言去练习，就成为一个人的发展的极好机制。世世代代，多少志士仁人不就是如此练就的吗？

"见贤思齐"，原来中华古代文化如此重视人的道德发展。

子曰："事父母几谏，见志不从，又敬不违，劳而不怨。"

儒家如何认知"家和"价值

中国古代儒家是家庭价值的发现者和鼓吹者。那家庭为何而起？又起于何时？家庭是社会生产力发展之必然，应当是起源于原始社会。这是恩格斯以唯物史观研究在《家庭私有制和国家的起源》中揭示的。早期有多妻制，后来被一夫一妻制所取代。一夫多妻也好，一夫一妻也好，家是吃穿住固定场所，是生活繁衍基地，是故得有家庭稳定。孔子立仁，主张百姓安定、家庭安定。这一重视家庭的传统文化在中华弘扬数千年。中国人重家和，以为"家和万事兴"，甚至"和谐"成为社会主义核心价值体系的组成部分。

然而，家和何易？一个家庭可能有多口人、多代人。出生年代不同，社会生活有异。而按照辩证法观点，差异就是矛盾。所以，家庭必不可免会有矛盾，甚而有些家庭矛盾重重。如何得"和"？孔子有智慧有方法。他说："事父母几谏，见志不从，又敬不违，劳而不怨。"这很妙！孔子要人们侍奉父母时要会委婉地劝谏；看到父母没有听从自己的意见，仍然恭敬而不违逆，内心虽然忧虑却不怨恨。就是说父母有不当，你当然要劝谏，可是语气不能生硬而应委婉。若父母不听又怎么办？你还是要保持恭敬不能怨恨不可破裂。所以，哲人真是聪明得很。

恭敬父母，只在得家和。古代华夏将一个"和"文化高举。孔子重和不止于家，他想要家和、国和还要天下皆和。这塑造了伟大中华民族善良秉性，人与人和，国与国和，大道之行，天下归仁。看这君子，看这中华文化，多么宽广博大的襟怀！而如今中国提出构建"人类命运共同体"，不就是儒家和谐思想的传承、弘扬与创新吗？

子曰："父母在，不远游，游必有方。"

非信息时代的无奈选择

自从1969年7月21日阿姆斯特朗"远游"在月球表土上迈出了"个人一小步、人类一大步"之后，人们的游性大发，甚而有荷兰征集志愿者做登上火星的单程之旅。所以，我们早先的观点——人类是爱玩的动物符合实情。爱动，万物皆如此，"树欲静还风不止"呢！

孔子那个时代的人却以逃命为主。孔子两岁丧父后，这个苦命的孩子就开始与母亲颜徵在流浪。孤儿寡母，相依为命。所以，孔子以他的人生经历劝告别人："父母在，不远游，游必有方。"那个非信息时代，你若像孔子是个大孝子的话，除此之外还有什么办法呢？孔子的世界地理观他没有明讲。地球什么面貌，孔子一定以为地球是正方，大地是四方。这是中国古代的人文地理认知。

"父母在"，这是哲学上意味的存在吗？父母每日每时在眼前，当然是真实存在。但是，此一时之父母是彼一时之父母吗？哲学家说过，生物在每一瞬间是它自身，却又是别的什么。所以，我们勿要高枕无忧，父母随时会变成另一种的存在，中国人说的"子欲养而亲不待"之痛就是这个！英国著名哲学家贝克莱说："存在就是被感知"。

所以，须得年年月月天天去感知啊。中国人很讲究"百善孝为先"，但随着现代社会的发展，许多人尤其是年轻人为了个人更大的发展空间，远离家乡来到大城市打拼，但过年回家（家乡）这一传统习俗一直未变。

子曰："父母之年，不可不知也。一则以喜，一则以惧。"

中华文化的人性本真

南宋哲学家、教育家陆象山说："人皆有是心，心皆具是理，心即理"。"理"是人性。儒家有人性。"为政以德"，克己安民，"成人之美"，见人性之大处；"入孝出弟"，皆为人性。本章又有一条。子曰："父母之年，亦喜亦忧。"正是有人性蕴养，孔子儒学方能如此长久流传。如今，这是人性之重新发现还是社会特别稀缺？

奇了，孔子竟然发现世间事物皆为宇宙之一过程，为人父母无时不在变老衰。孝子心，海底针。苏轼说："自其变者而观之，则天地曾不能以一瞬。"那么，圣贤哲者大文豪在年轮和生死的归程中尚且如此，以天地比之而自我醒悟。所以，孔子既言父母之年，何尝不是敏感生死之大限？只不过是提醒我们这些忙于谋食谋道之少不更事的后生们，不可不知父母之年！生命之脆弱，生死之无常，非人类自我所能把握掌控和既知。为父母年高而喜，亦以父母年高而惧。此王羲之所谓"死生亦大矣"也。

这正是中华文化的人性温情，是孔子伦理的人性本真。人子与父母以一孝牵连于人间。而在如此广袤浩渺的宇宙时空中，你与父母之偶遇是多么巧合而幸运！这是真正的天作之奇！我们是宇宙的唯一。孔子之以孝为本，岂妄言耶？中国人以家为重，岂妄为耶？儒家重血亲之宗，岂无稽耶？中华以孝弟盈门，岂无情耶？

中国人对祖宗孝道一定凭依世代经验悟得朴素哲理。在孔子之前的礼文化已有尊亲元素，家庭已慨然视之为若大社会之细胞。演化到春秋时代，孔子创立仁学，家庭是中华伦理的核心价值已然明了。孔子大力构建家庭和美，人生有味，所谓修身齐家是也。今已知之，家庭之要，其实在一个"和"字，慈孝的两个不同方向之矢量交集在"和"。子女十五岁之前主导在父，慈力方向是向下；十八岁以后，孝敬方向转为上，主导渐在子女。民谚有云：三十年前看老子，三十年后看小子。这就是传承，父子（女）共生，这就是中国传统文化之精髓。

人的代传，生命的接力，是人类文明极好的机制。何以喜，何以惧？时间无始终，生命有长短。宇宙永恒，人生有限。现代人忙则忙矣，与父母切勿要"忽魂悸以魄动，方惊起而长嗟"。若"子欲孝而亲不在"，岂不痛哉？那又为何不将时间海绵里的水挤一挤捧予父母，时刻把那人情天性充满呢？

子曰："君子欲讷于言，而敏于行。"

中华文化之言行论

如果将苏格拉底与孔子比一比，可否说苏氏是追问主义，孔子是商讨主义；苏氏是思索主义，孔子是行动主义；苏氏是知识主义，孔子是道德主义。必有人曰："此言差矣，孔子有思考的呀?"当然，任何比喻都是蹩脚的。孔子是有思有言有行，重思重言重行。但古今中外哲人们最缺的是行，即使是中国春秋战国大家老聃、墨翟、庄周者，太多大话。除了老聃骑一头毛驴逃老命，又看见了他们多少行动呢?

所以，孔子告诫我们："君子欲讷于言，而敏于行。"无须说空话，多点"敏于行"。

老祖宗把世道看透，吹牛撒谎必翻船。故孔子要中国人"讷于言"埋头干，中国文化重言行。人贵讷言敏行，言行一致。

公冶长篇第五

子谓公冶长："可妻也。虽在缧绁之中，非其罪也。"以其子妻之。

孔子为何选择公冶长做女婿

孔子的个性太出格了！什么是个性？马克思认为，有个性的个人和偶然的个人之间的差别，不是概念上的差别，而是历史事实。孔子竟然不征求意见就将女儿许配给还关在监狱的青年。婚姻大事恋爱自由，民主性哪儿去了？这个孔子是太主观，执拗。难怪有人说"孔子是没落奴隶主贵族代言人"。

那么，孔子对儿女婚姻的"草率"是否与自己的婚姻不幸有关？孔子对妻子，《论语》中他老人家是未有一字半言的。其实，孔子是"志于道"者，毕生"克己复礼"，心思放在了"为政以德""天下归仁"上，哪里有家？言不及色，其夫妻关系是淡淡的？人们有理由把他看作"怪人"，以为孔子的家庭生活不幸福，对家庭无有责任感。托翁有言：不幸的家庭各有各的不幸。孔子一生是专注教诲学生修身齐家的。所以，胡适概括说："世上有许多伟大人物是不结婚的。"但胡适并未将自己归于"伟大"之列。所以，有人曾说："有妻子者，其命定矣。"你看清华大学教授朱自清成家后过的什么日子？他在日记中写道，"晚上向房东借米四升，又向荣轩借六元"，又接"三弟来信催寄款，词锋甚利，甚怒，骨肉之亲不过尔尔……当衣四件，得二元五角，愧甚。"哀矜勿喜，今日大学教授们作何感想？

今人不解，孔子再糊涂也不至于选一个牢中的男子做女婿吧？但其实是古代糊涂官草菅人命冤案太多。孔子或者最早发现了公冶长之冤枉？怎么看人？孔子是从人的德行根本上看。孔子了解公冶长，其实公冶长是没有罪。所以，子谓公冶长"可妻也。虽在缧绁之中，非其罪也。"孔子怜弱者。以其子妻之。就将自己的女儿许配给这位身陷囹圄的底层乡村青年，实则是对贵族的抗议。岂不令人唏嘘！

子谓南容："邦有道，不废；邦无道，免于刑戮。"以其兄之子妻之。

不同的选择，一样的仁心

孔子是特立独行还是一意孤行？自作主张把女儿许配给了一个身陷囹圄的底层青年，已经令人百代唏嘘，胆战心惊。竟然又要将侄女嫁给一位名叫"南容"的。

确有其事。《论语·公冶长》篇云："子谓南容：'邦有道，不废；

邦无道，免于刑戮。'以其兄之子妻之。"孔子为侄女找的夫婿南容为何人？朱熹《四书集注》里解释：南容，孔子弟子，字子容，谥敬叔，孟懿子之兄也。原来这个南容不仅有贵族背景，而且还有德有智，被孔子发现为兄长择婿，而孔子为自己女儿找的是一个关在牢中的人。自家下嫁，侄女高攀，岂不厚彼薄此？但这是孔子的仁心。他兄长孟皮是残疾又贫困去世，侄女亲事岂有不操心之理？孔子一定常挂在脑中，留心考察身边门徒人等，发现这个南容德智皆很优秀。倘若邦国有道，不会废弃他；若无道，他则能免遭刑戮。在春秋乱世处事而进退有度，相当不错。孔子看中撮合了两人姻缘，受到世人称赞。

这是孔子难得的处理家事实录。可以窥见一个食人间烟火的庶民孔子，好实在，挺可爱。钱穆曰，孔子千古大圣，而其择婿条件，极为平易。学圣人，亦当在平易近人处。而宋苏轼也在《和何长官六言次韵·其二》中咏叹云："《五噫》已出东洛，三复愿比南容。"以为孔子挑选的南容相当不错。的确，从孔子为自家和为兄长挑女婿这件事，表现出强烈的道德正义感。公冶长坐过牢，小人对他只会鄙视欺侮，庶民则会同情躲避，唯一孔子这样的仁者抬举将他选作快婿，真的是人性淋漓。不同的选择，一样的仁心。孔子还在以此教育门徒做人：察邦国之道，防刑戮立身。这在春秋礼崩乐坏之世太有现实意义了。

子贡问曰："赐也何如？"子曰："汝，器也。"曰："何器也？"曰："瑚琏也。"

孔子如何褒扬孔门高才生

孔子一生交往最多的有两类人：一为乡党，二是门徒。

孔子最大的人文杰作乃是挑战贵族垄断文化，历尽千难万险办起一所面向底层庶民的庠校，把一群贫贱人家子弟招来，调教得一个个雄姿英发、信心百倍要向政权进军。孔子是要将世界变个样。

有个门徒想试探老师对自己的看法。子贡问曰："赐也何如？"好小子，这个聪明绝顶的子贡此次是单刀直入而问，且看老师如何回应。子曰："你啊，你好似一个器皿！"子贡一下子掉到冰窟大失所望。怎么，我是器皿？老师不是讲过"君子不器"吗？于是，连忙追问："是什么器皿？"孔子这才不慌不忙地答曰："你是宗庙祭祀时的瑚琏之器啊。"朱熹《四书集注》曰：夏曰瑚，商曰琏，周曰簠簋，皆宗庙盛黍稷之器而饰以玉，器之贵重而华美者也。顿时，子贡心中一块石头落地：我乃瑚琏！是最贵重的。原来，我在老师心中是如此的"高大上"。一个后生的自尊自信之火，就如此被孔子巧妙地点燃。

子贡何人？子贡生于卫国，比孔子少31岁，是孔子门徒中少有的殷实富家子弟。而他却无有纨绔子弟做派，倒是聪敏好学举一反三才干非凡，被孔子调教成为"孔门十杰之一"的忠实信徒。孔子逝世后，诸门生守孔子坟庐三年，唯独子贡坚守六年。子贡又是孔子学说的代言人。曾经有人怀疑地问"仲尼焉学"时，子贡慨然肯定做答：孔子自学成才，无人能及。有个公孙武叔当众人面诋毁孔子，子贡反击使其无地自容。子贡又为孔子学说捍卫者。

孔子如何教育门徒成功的？并非学子皆有超人天资，而是孔子长久给门徒以巨大精神力量和自信，此次又给予子贡强大正能量。这种力量只有杰出教育者才赋有。勇敢、自信、独立和人的尊严的获得感，要比他每天的面包更为重要。孔子以瑚琏激励子贡自信，正是顺应受教者之天性、秉性、人性而为。

道德人格是中华民族自信之源。

孟武伯问："子路仁乎？"子曰："不知也。"又问。子曰："由也，千乘之国，可使治其赋也，不知其仁也。"

"求也何如？"子曰："求也，千室之邑，百乘之家，可使为之宰也，不知其仁也。"

"赤也何如？"子曰："赤也，束带立于朝，可使与宾客言也，不知其仁也。"

孔子学校是古代世界的人才高地

夏商周时候，中华文化是高天的云，而赤裸的人类苟活于地上，只有神祇逍遥在半空。这就是人类最初的形而上观念酿造的情景。它的确是人类文明的萌生，是我们可怜先祖的精神状态。曾有历史学家说，当人类对于自然的矛盾不能克服的时候，必然在认识上寻求安慰，使之迷茫在宗教上求得解决。史学家都这么说，我们还有什么可犹豫的呢？

但是，孔子是春秋时期的一个另类。他是尧舜的孝子贤孙，却鼓吹"仁"而不相信"神"。你看春秋孔子汲取三代礼文化的人性因子和道德元素精华，把文化从"礼"推进到"仁"。"仁者"人也，就是要去"神"而重人。孔子付诸行动办起一所乡学，收徒授业，要提升人的素质，让一个个贫苦庶民子弟识起文字，生长志气。怎么着？期待他们修齐治平，支撑世界呀！孔子的理想也太生猛了。

听说卑贱者孔子在办庠校，贵族们是等着看笑话：孔丘那厮没有文凭还能教书？学校肯定乱糟糟，门徒一定无学识。有个孟武伯就跑去打探，问孔子：你的学生子路德行怎么样？孔子老实回答说不知道。再问，孔子这才就明白地说：子路这学生，若在一个有一千辆兵车的国家，他可以胜任总司令吧。但他的仁我不知道。孟武子又问另一个学生冉求怎么样。孔子十分有把握地答：冉求吗？在千户人家的城邑，百辆战车的家族，他可担任总管。仁方面我在看。孟氏继续问：那个公西赤如何？孔子说：公西赤如果冠带朝服立于朝堂，是可与来宾和朝臣议论国事的。他在仁上还须观察。

好家伙！孟武子当时一定是目瞪口呆，连问孔子三个门徒，竟是三个大才，皆可担当大任！孔子学校鸡毛飞天？这给贵族"学在官府"的太学岂不是一巴掌？孔子摆的什么阵？推荐学子就业？不是，孔子的话完全出自实际本心。为政以德根本就是他的办学目标，就是要门徒将来一匡天下，变革社会，造福乡党。因此，孔子要学子一个个把知识学得渊博，志向立得高远。是故孔氏之门，人才济济。历史已然证明：陬邑乡校，那里岂不是成了古代世界的人才高地？

中华古代教育，何其了得！

宰予昼寝。子曰:"朽木不可雕也,粪土之墙不可杇也;于予与何诛?"子曰:"始吾于人也,听其言而信其行;今吾于人也,听其言而观其行。于予与改是。"

孔子对门徒的认识亦非一次完成

"禹是一条虫",这是中国的大知们曾经考据出来的。鲁迅当然不赞同。但你就没见过"懒虫"吗?

有个宰予就是"懒虫"。子曰:"朽木不可雕也,粪土之墙不可杇也;于予与何诛?"白昼上课睡懒觉该当何罚?《论语注疏》曰:此章勉人学也。今乃废惰昼寝,虽欲施功教之,亦终无成也。《论语义疏》曰:宰予惰学而昼眠也,孔子责宰予昼眠,故为之作譬也。夫名工巧匠所雕刻唯在好木,则其器乃成。若施工于烂朽之木,则其器不成。朱子曰:言其志气昏惰,教无所施。言不足责,乃所以深责之。宰予能言而行不逮,故孔子自言于予之事而改此失,亦以重警之也。所见略同?

但是,读过"中里巴人"对此章另有见解:有一天,孔子四处转转,见子路骑马,子贡舞剑,颜回弹琴,子夏颂《诗》。孔子心中好不高兴——弟子们没有死读书啊!唯有宰予在窗前呼呼大睡。有学生欲推醒他而孔子制止曰：朽木不可雕也。他身体差勿强求，顺其自然。这岂不就是有教无类、点化人性？

宰予一定是个乖巧聪明的人，他给孔子的首因效应之谜与后来聪明的"善哉问"迥异，终于得到孔子赞赏。所以，孔子这样的贤师对人的认识也不是一次完成的，是多次实践纠偏而深化的。子曰："始吾于人也，听其言而信其行；今吾于人也，听其言而观其行"。这与毛泽东提出的"实践—认识—再实践—再认识"有异曲同工之妙，休谟那高明的"不可知论"在孔子那里是没有了。

子路有闻，未之能行，唯恐有闻。

孔子学说如何进入千万人心灵

不错，人类生来是一路迎接挑战走来的。孔子师徒皆知此理，子路对老师的话向来也是闻风而行的。"子路有闻，未之能行，唯恐有闻。"孔子思想是如何进入门生心灵的？又如何让一帮年轻人如此信服闻风即行的？此乃孔门秘密，亦可谓中国文化奥秘。其实，孔子的武器不过是一个道德法宝而已。没有戒律，没有惩罚，孔子之教育方法也是靠自愿，靠内功。你看这个子路听老师的教诲想到立马去践行，很担心老师有新的教导来了自己上一部分却还没做完，这叫自主性，辩证法称为内因，现代学者叫作"理论自觉"。孔子学说对学生为何有如此影响力？马克思说：理论只要彻底就能说服人。孔子的理论力量在哪里呢？在深刻，在契合人性。

中华文化重生活，中国哲学重践行。这是中国人血液中流动的东西。儒家学说是生活哲学吗？孔子师徒是行动主义者吗？当然。清华大学校内有一石碑云：行胜于言。这个是中华古老文化的烙印吧？

子贡问曰："孔文子何以谓之'文'也?"子曰："敏而好学，不耻下问，是以谓之'文'也。"

好学——中华民族精神之大气象

人类是带着什么出发的呢？他们是心上带着"学"的好奇心，身上带着"文"这种观念形态。人类学家说：欧洲人手上有一把石斧，东方人手上有一把砍砸器，边走边学。

中国人自古好学。子贡问曰："孔文子何以谓之'文'也？"足见古人也有惑，这个孔文子何以获取了"文"的谥号？他是穷小子放牛娃呀！子曰："敏而好学，不耻下问。"原来如此，孔文子的"文"来之不易，是问来、学来的。幸而有子贡这小子解悬疑。孔文子是一位古代有志气有追求的穷小子，受到孔子高度赞赏："敏而好学，不耻下问"。这是求学的正确道路。书山有路勤为径，但你还得问方才有学问。人文这东西人创造之后反作用于人类，马克思谓之改变世界。《易经·贲卦》云："观乎人文，以化成天下"，其志气不在小。虽然，野蛮的先人们吃兽肉坚果，但其血液中有"文"慢慢渗入着，这很了不起！今日大中小学学生身边老师那么多又那么渊博，可课堂上少问，可惜了。

孔子有十三年游说列国行德政，没有带一件兵器，后半辈子又做教书匠，可以"谓之文"了吧？若没有人，文将焉附？他老人家也明明白白说过世间最宝贵者"在人"。有人方有文，文属于人。余秋雨也以为时代有两大主题，一是人，二是文。孔子之"人"论，实乃儒家人学思想宝库，是世界文明史上的人文第一声！

"敏而好学"，为何孔子偏爱"好学"者？其实好学乃古风。孔子亲身实践一路好学走来，他还以为人当有"志"。什么是志？好学乃"志"！看人看什么？就是看是否有志气和"好学"。中华有志气，中华有好学。古今仁人志士好学精神世代传承弘扬。

子曰："晏平仲善与人交，久而敬之。"

孔子赞赏晏婴的社会学意义

古代华夏是农耕社会。农耕社会有什么特点？封闭凝滞，自给自足，老死不相往来。美国学者曾经认为：古代人一生只有五个朋友，几十年的生命轨迹不过几十里远。可怜不？二十世纪还有老人一辈子没出过本乡村哩。所以，才有电影《陈奂生上城》的主人公把上城当作了"大事"。你能责怪没见过世面的乡下人吗？生产力使然！

春秋孔子出身低贱，但志向高远。他要高飞，还要门徒飞高，飞远！何以见得？有证据的。子曰："晏平仲善与人交，久而敬之。"什么意思？那时，贵族垄断学校、教育、文字和文化，孔子就办起乡学教穷人青年。因此，这话原来是夫子在给学子指路：你们看那个晏平仲大夫多会与人交往，时间久了别人尊敬他。但这又是孔子学校什么课程？开放课？社交课？修齐治平课？为政以德课？要知道孔子这位目光远大的超级老师，教育门徒不仅仅是为认识几个字，他是要他们将来改天换地，变革社会，一匡天下，安定百姓的。岂可让学子呆守大山，闭目塞听，形影相吊，孤独无助，事业无成？断断使不得！为了门徒，为了千秋，想方设法，树立榜样，循循善诱，开阔眼界。孔子这位老先生花了多少心血！

中华民族有开放意识和天下情怀，醒得早！后代如何？中华"善与人交"，在新时代，中国"一带一路"倡议把友谊铺向五大洲，要建立"人类命运共同体"。

这真是江山代有才人出，一代更比一代骄。

***

子曰："臧文仲居蔡，山节藻棁，何如其知也？"

玩物丧志者，不亦惑乎

人类与宠物的亲密关系源远流长，恐怕最少有一万年之久。第一个宠物为何？无据可考，社会学家以为是狗，市民以为是猫，而农民以为是鸡。鸡下蛋，猫抓鼠，狗看家，各有益用。

但是，人类千奇百怪的个人太多，爱宠物的也多。但玩物丧志，有点危险了，须得大喝一声。那是关心。当然是对民众，谁敢对达官贵人棒喝？却有孔子站出来。子曰："臧文仲居蔡，山节藻棁，何如其知也！"孔子批评鲁之守蔡大夫臧文仲养着一只大龟，竟以天子祖庙的装饰来供奉它，这怎么能算智慧呢？腐败！这些卿大夫王侯的做派荒诞奢侈至于此！《论语正义》曰：山节藻棁，复庙重檐，天子之庙饰也。文仲谄渎神物，以冀福佑，而不知其僭上无等之罪，必不为神所相。但孔子抨击得很委婉，不是胆怯，只是表达惋惜态度而已。因为作为辅助鲁国四公之重臣，臧文仲曾面对称霸的齐国受命危难之际，以出色的军事、外交才华斡旋，力保鲁国利益，使百姓平安。是故臧文仲威望很高，鲁国上下对他崇拜得很。孔子从民欲，当然对其人也予肯定，但又有批评。

　　季文子三思而后行。子闻之，曰："再，斯可矣。"

华夏古代文化对思维之探究多深

　　中华哲人孔子是极力主张人们思的，甚而还要深思、善思、思行结合。《论语》说：季文子三思而后行，子闻之曰："再，斯可矣"。想两次就可以了，堕入长考而不行动不作为是陷阱。这是精神上解民悬？

　　但是，孔子在此真正是自相矛盾了。他曾说"君子有九思"，他自己不也是整天脑子在转吗？他的学生也是各有所思啊。西方人也是善思的。笛卡尔就说：我思故我在。作为他全部认识论哲学的起点，也是他怀疑的终点。据说，他由此出发，确证了人类知识的合法性，功劳甚大！自文艺复兴的锁链和缰绳被冲决之后一发而不止，人们至今仍在思想解放的路上奔跑，披荆斩棘！

思是沉重的，但是孔子知道人类绕不过去。所以，孔子对子路暴虎冯河的作风，他是旗帜鲜明反对，要慎思。《易》说：君子慎时，差若毫厘，谬以千里。思维是人类的唯一优势，但也切不可堕入思维主义而成为行动矮子。清代书法家、学者钱泳说：凡事要做则做，若一味因循瞻前顾后岂不误了大事？

请循其本。孔子主张"再思"而又言"九思"，矛盾何解？九思者，宇宙万物之普遍性也；再思者，事物有特殊性也。

中华文化对思维的理解研究有多深？

子在陈，曰："归欤！归欤！吾党之小子狂简，斐然成章，不知所以裁之。"

孔子为何青睐乡党狂简小子

一千个画家笔下有一千个孔子吗？孔子不是蒙娜丽莎，但是，早前在北大买了一本历代孔子图像，细细揣摩却是各有不同。为什么唐代吴道子画的孔子公认最像？其中孔子双手交十，温而厉，恭而安，太中庸了点！必有"书呆子"愤而诘曰："中庸之为德也，其至矣乎？"如何不妥？且慢！孔子叩其两端允厥执中，尽人皆知。然而，孔子就该是个四平八稳，无棱无角，与世无争的老头吗？

所以，得给孔子重新定位。孔子的人生绝不只是一个"稳"，孔子的思想也绝不只是一个"和"。张狂、激越、砥砺、损益、变革，谁说就不是真孔子？有证在此，看孔子对门徒狂野小子什么态度？子在陈，曰："归欤！归欤！吾党之小子狂简，斐然成章，不知所以裁之。"惊奇吗？《论语正义》曰：狂简亦有为之人。怎么样？年轻门徒志高行狂，孔子不但不指责还心里暗暗喜欢！孔子还曾亲口说："不得中行而与之，必也狂狷乎？"这就是他的喜好。以孔子之智，他会糊涂？

孔子是青年一代的知音。他对青年的率性张狂是多么理解欣赏！接受新技术新观念向前看是青年一代的天然优势，但青年人缺点是写在脸上的，孔子看到了。青年人需要雕琢教化，这个责任孔子默然承担了。

我们年少时谁没有热情和过错？黑格尔说：假如没有热情，世界上一切伟大事业都不会成功。历史上王羲之兰亭聚高士，李太白桃园宴从弟，女词人李清照喊出"生当作人杰"，苏东坡聊发少年狂，乔布斯以为人生为改变世界而来。最可人是元代戏曲家关汉卿唱《南吕一枝花·不伏老》："我是个普天下郎君领袖，盖世界浪子班头，"狂不？羡煞人呀。

夫子青睐狂简，意在大道之行。

颜渊季路侍。子曰："盍各言尔志？"

子路曰："愿车马衣轻裘与朋友共，敝之而无憾。"

颜渊曰："愿无伐善，无施劳。"

子路曰："愿闻子之志。"

子曰："老者安之，朋友信之，少者怀之。"

从孔子到马克思：人类的理想社会追求

动物做梦吗？动物学家争论不休；而人类是有梦的。早年看过《周公解梦》，那是落魄文人混一口饭吃的巫术胡诌。曹雪芹的《红楼梦》之名确比先前的《石头记》升了格局。那么一班漂亮丫鬟为了一个傻小子做春梦何其可叹！爱情专家们说：哪一个妙龄少女不会怀春？所以，每个人在那个青春时期谁能无梦不傻呆呢？

冯友兰说孔子是第一个老师。但不会让学生做梦的老师真不是好老师。孔子的门徒确实人人有梦。那么，孔老师有梦吗？梦什么呢？这个一直是孔门学校的一个谜，是孔子门徒心中的一个谜。恰有一天竟于不经意中得解了。那天，孔子亲切地对门徒子路、颜渊他们说：咱们谈谈志向吧！于是，子路表示愿与朋友同甘共苦、共车马、衣物。颜回则说要戒骄夸。他俩反问老师的志向和梦想是什么，孔子脱口而出："老者安之，朋友信之，少者怀之。"一语端出青云志，惊天地而泣鬼神，心中秘密大白于天下。原来，这个孔子不是要当大官发大财，而是为着老百姓。这是士人的理想！这是孔子期待的理想社会。后来在"大道之行也，天下为公"中，孔子将理想社会分为两个层次：小康和大同。二千三百年后欧洲诞生的马克思主义将人类社会理想分为两个阶段：社会主义和共产主义，当然更科学。这是多么富有远见卓识！孔子与马克思的设想，何其相似！

可惜，孔子的社会改革失败了，在于不懂而又看得太多。《礼记·檀弓下》说，孔子对学生云："小子识之，苛政猛于虎也。"看到劳动人民无尽苦痛：苛税、战乱、瘟疫、酷刑、屠杀、饥饿、徭役、人殉。他又不懂得阶级斗争、武装革命。这么一个清醒的政治家却如此糊涂？

但是，自有后来人。中华民族正向伟大复兴中国梦奋勇前进！

雍也篇第六

子谓仲弓，曰："犁牛之子骍且角，虽欲勿用，山川其舍诸？"

孔子以借喻抨击世卿世禄贵族体制

孔子关注人的发展。他办学校招了好些人。其实，是一伙鄙夫村氓子弟，学校里有时弥漫着颓丧情绪。有个门徒小子仲弓，其父是贱民，故仲弓在学校总是缩手缩脚。自卑啊！社会流传"性三品，命贵贱"，说是"龙生龙，凤生凤，老鼠生儿打地洞"。星星出世挂天上，萤火虫再奋斗也是草上飞。人穷志短！孔子看在眼里急在心，这位主将和旗手精神太强，每时每刻在敲打战鼓对门徒传递信心和力量。于是，孔子谓仲弓曰："犁牛之子骍且角，虽欲勿用，山川其舍诸？"意思是：只要耕牛之子优秀，山川之神不会舍弃；同样，人只要有才能，社会不会因其出身卑贱而舍弃。孔子的话太给力了！将仲弓心底的阴霾一扫光，使这穷小子精神抖擞起来。所以说，改变命运的事在中国非自今日始，早在春秋时代就上演了。后来，贱人之子仲弓从孔门学校出来，果然官做到季氏宰。老鼠的后代不打洞了？信不信由你。

孔子儒家思想与马克思主义辩证唯物主义学说有相近处。孔子主张"天下为公""均贫富"；马克思主张以公有制代替私有制。孔子主张未来社会有"小康"和"大同"；马克思主张以社会革命达于社会主义初级阶段和共产主义高级阶段。孔子有"人的尊严"和"人的发展"理论，马克思以为社会发展最根本的目标是"人的全面发展"。孔子创立的儒家思想是古代先进的文化，马克思主义是当代先进思想。为什么马克思主义能够在中国发展出"中国化理论"？在此！

　　贫穷阶级的翻身要等多久？怎么办？马克思和恩格斯号召"全世界无产者联合起来"——这就是全人类翻身解放的光明大道。

　　季康子问："仲由可使从政也欤？"子曰："由也果，于从政乎何有？"

　　曰："赐也可使从政也欤？"曰："赐也达，于从政乎何有？"

　　曰："求也可使从政也欤？"曰："求也艺，于从政乎何有？"

浩浩荡荡，孔子率领门徒要求官吗

　　普罗米修斯因盗得火种被西人长久赞颂。这实在是一件大事，你想，若地球无火，一片冰冷，那西方世界该是多么凄凉！可又有谁为人类送去心中之火呢？有多少人"心如已灰之木，身似未系之舟"？那就是诗人所说"哀莫大于心死"，他是对贵族统治失望之极？其是之谓乎？

普罗米修斯给人类送火是善举。而在东方，中华孔子之一大善德则是给贫贱青年人心中送火。孔子与苏格拉底同为精神大师，善于点燃学生心中之火焰，让那些冷漠冰凉死寂的心田沸腾起来。

有史为证。鲁国权臣季康子问孔子，你的门徒谁可以从政？子曰："由也果，于从政乎何有？"曰："赐也可使从政也欤？"曰："赐也达，于从政乎何有？"曰："求也可使从政也欤？"曰："求也艺，于从政乎何有？"孔子一口气告诉季康子：我的门徒仲由、端木赐、冉求，个个都有才华，他们从政有何难？可见这位导师对学子多么了解，又多么自信，多么欣赏！在孔子眼中门徒皆为人才！这是仁者气度人文关怀！所谓"千里马常有，伯乐不常有"，天下有比孔子更人性的导师吗？

有教育家以为，教育不是装满一桶水，而是点燃一把火。孔子为何要夸奖门徒？原来是他们出身贫贱，不自信。孔子是点燃心火的高手，转眼间点起三把火。而且，孔子还有大主张："学而优则仕"。要从人才标准上撬动贵族的奶酪。干吗要让贵族阶级垄断权力？我们穷小子为什么不能向权力殿堂进军？师徒要行动起来，改变贵族专权。于是，孔子率领一群衣衫褴褛而德智超群的底层年轻人，向着权力，向着上层，向着太阳高声喊着：我们是新士人，我们来了！

孔子是要做官吗？非也。孔子为什么要培养学生领导力？他是要门徒对社会担当起"一匡天下""安民安百姓"。原来，孔子哲学是要改变世界的，让门徒在未来的社会演绎生动活剧的。期待绵长啊。

季氏使闵子骞为费宰。闵子骞曰："善为我辞焉！如有复我者，则吾必在汶上矣。"

古代官场"围城"文化现象谁解

"对立统一"规律是宇宙的根本规律吗？人谓之马克思主义世界观之根本。生活中如何？

有古人闵子骞，孔子门徒。季氏使闵子骞为费宰。闵子骞曰："善为我辞焉！如有复我者，则吾必在汶上矣。"咋回事？一个不想做官的人？其中必有缘故。季氏使之"为费宰"，费城的总管，大肥差啊！这得花多少银子去买？但这个闵子骞当时倒是挺有气节的。据孔安国云，原是季氏不臣，而其邑宰数叛，闻闵子骞贤，故欲用之。季氏目无国君，野心勃勃，家臣都叛乱好几次了，闵子岂能上此贼船？这个邑宰的官我不干了！

官从哪里来？官跟路一样。这世界上本没有什么官，那氏族民众吃饱了撑的就选出个官来。官是什么？官是权力。官场迷局人颠倒。范进"要中举"，陶渊明氏要"归去来兮"。这就是"有人辞官归故里，有人星夜赶考场"。谁更明白又糊涂？人类的聪明才智不足以在对立统一体的万花筒世界中清醒。

可怜官场之"围城"现象谁解？

伯牛有疾，子问之，自牖执其手，曰："亡之，命矣夫！斯人也而有斯疾也！斯人也而有斯疾也！"

人的"天命"与"道命"

俗语云，人有三命：生物命，精神命，心理命。但人一降生，他的生物命就是来准备消亡的，所以，对生物我们大可以称它作死物。但是，人们的心还是向着生啊！"生命"一词的创造，包含了人类多少期待、希望和梦想。

我们正在美好地生存着吗？树木有年轮圈，岩石有地质层，人的年轮和地质层在哪里？浪漫的文学家以生花妙笔抒之曰：岁月的年轮都写在他的额头上。而马克思学说认为，每一事物都处于发生、发展和灭亡之过程中。佛教以为"万物本无常"。孔子当然是知道人要死去的。有一天他从窗口拉着病重学生伯牛的手说："亡之，命矣夫！斯人也，而有斯疾也！"这样的老师，这样的师生真情，多么可叹！

中华文化有关于人的"道命"生成说。虽然，孔子没有这么说过，他和门徒却是这么"行"的。他们一生"志于道"，要为政以德，一匡天下。结果在"修身、齐家、治国、平天下"的艰险小路上愈走愈远。中国文人之所谓"三不朽",以为"有的人死了,他还活着"。万古流芳,精神不死,正是士人想要的"道命"。原来如此!

孔子要学生认命吗?占卜星学家有所谓"彗星袭月""白虹贯日""旗杆折断""苍鹰击于殿上"之说。然则自然大法,谁可奈何?民间传说:天上一颗星,地上一条命。命可以用金钱来赎买吗?秦始皇曾经尝试过。香港一富商说,愿意"以千亿财富换得20年青春"。老子云"一阴一阳谓之道",偶然性和必然性,世间万象,如此演绎。"亡之,命矣夫"!人的"天命""道命"谁看得透?

子曰:"贤哉,回也!一箪食,一瓢饮,在陋巷,人不堪其忧,回也不改其乐。贤哉,回也!"

简单生活更有滋味

人类迄今有一大生活课题没有完成——建立良好的生活方式。有诸?来华外宾多盛赞"中餐美味",而中国有人却说"西餐好吃"。外国来宾说"筷子奇妙",而中国有人却说"刀叉文明"。苏格拉底提出"产婆术",孔夫子贡献"启发式"。孟子有雄辩,培根有归纳。

人类的文化多了去，但是人类生活方式有经典范式吗？

哲人一直在思考人类生活。咋好？有孔子盛赞颜回："一箪食，一瓢饮，在陋巷。"丢人啊，这是什么生活？这孔氏门徒、贫困青年颜回竟然成为生活典范！但这是门徒本心的选择吗？古人有"穷且益坚，不坠青云之志。"大不了，不就是人世间活一回吗？可知文人怎样活？"中午一碗面，晚上面一碗，这是吃；裤子七元，汗衫三元，凉鞋两元，这是穿。"大作家刘绍棠的日记里明明白白记着自己的幸福生活。那时，他已写出了二十部小说，丛书发行三千万册。二〇〇九年我曾将一条毛巾用到巴掌大，心中却充满温情。佛家说人之所以有痛苦，就在于追逐错误的东西。世人可见颜回"君子固穷"，却未明了颜回内心何其坚韧。贾宝玉是贾母的心肝宝贝，可他对黛玉说的哲言是：任凭弱水三千，我只取一瓢饮。这位公子哥简陋如此，却将人生悟上一层。

颜回的境界何在？在"人不堪其忧，回也不改其乐"。绝非虚幻，圣人一声称赞"贤哉，回也"！岂不令今日富豪们羞死？英国哲学家赫伯特·斯宾塞认为：快乐关乎道德生长。中国人说：咬得菜根，百事可做。谁将创造出人类最科学利健康的生活方式？

———————————————

冉求曰："非不说子之道，力不足也。"子曰："力不足者，中道而废。今汝画。"

怯懦者的废辞

人类七千年文明史至今尚在迷局中。难在道！谁"得道"获取终极真理了？李白说"大道如青天"，多么地茫然。诸葛亮说"大梦谁先觉"，梦到自己。而鲁迅说"华老栓半夜里突然坐起来"，不过是想要"人血馒头"。可怜托尔斯泰八十岁出走才得以精神"复活"。就算鲁迅去世前，他还不是给陕北打电报要把"中国和人类的希望寄托在'你们'身上"吗？道啊！

但是，人类追求真理之心坚如磐石。有子曰："朝闻道，夕死可矣。"这是何其迫切的心声！有一天冉求却说："非不说子之道，力不足也。"这是什么话？马克思说：人作为有生命的自然存在物，具有自然力、生命力，是能动的自然物。其生命力多大？但孔子马上看出了学生的怯懦，说："力不足者，中道而废。今汝画。"直指人性弱点：中道而废，打退堂鼓，功亏一篑，耽误了多少美好人生，打碎了多少青春梦想？

门徒冉求为何自卑？只因穷困，但你要奋起呀。那孔子为非婚生子，"吾少也贱"屈辱在心，但他一生发愤忘食。而冉求在一帮如子贡、子夏、子路这些头脑活络"闻一而知十"之徒面前，难免有"己不如人"的自卑，孔子对他岂能不施以援手？后来，冉求终于不负众望化蛹成蝶做了"季氏宰"。

人如何认知"力"？培根认为"知识就是力量"，而儒家认定人自身的力量。"靠自己"，这是孔子要传导给门徒的精神根本。

子曰："孟之反不伐，奔而殿，将入门，策其马，曰：'非敢后也，马不进也。'"

古代思维之困：非敢后也

人类的精神悲情何在？西方以为在缺少理性，而孔子以为人类有四大毛病，即：克、伐、怨、欲。克是争强好斗，引起战争火花；伐者夸夸其谈得意忘形。中国古人特地记录了"纸上谈兵"者赵括以警告后生。教训啊。

最先教导我们建立"无夸"文化观念的竟是孔子。子曰："孟之反不伐，奔而殿。"勿夸夸其谈。这是多么高远的人格修成！但是，中国文化的误区和偏颇也就此种下了。普罗泰戈拉说：人是万物的尺度。孔子这么赞赏，于是孟之反就成了典范标尺。自掩功劳，谦让不夸伐。此论一出，历代称颂，千年演绎，惯性思维，"不为最先，不耻最后。"堂而皇之不争先，主动选择后进为荣，还要"枪打出头鸟"？却是将一个民族顶尖的分子麻木。

这是古代思维文化之惑？排斥骄傲，漠视最先，确为一大弊端。甚而杜撰出"龟兔赛跑"而乌龟得胜的童话糊弄人，为自己落后壮胆撑腰。岂不是后进有功，落后有理？错解！孔子乃是肯定孟之反不夸耀不争功，而不是要后进。孔子主张改革而非革命，重视天时地利人和。孔子是要向前的。看，1949年后中华民族精神抖擞，意气风发，大步前进走向伟大民族复兴了。

《论语》是须得细读的。

子曰："谁能出不由户？何莫由斯道也？"

人与社会发展应该率由旧章还是另辟蹊径

孔子在壮年之后，在社会碰撞墙壁无数之后，思想升华。求生活已不是第一迫切，而追求已然达于至上，故而发出一感叹。子曰："谁能出不由户？何莫由斯道也？"此章乃是孔子思想方法论的大文章，是对人生和社会如何前进做深思的大篇章。意思是：谁能出屋不从门户呢？但为何没有人肯从人生大道而行呢？这是夫子的感伤、自叹，还是彷徨、诘问？时值春秋乱世，当一个士人志气干云，而眼见的却是战乱频仍，民众流离，路有饿殍，鳏夫呻吟，老妇啼哭，那他是什么心境？生活还应长此以往吗？社会还要依然率由旧章吗？曲高和寡费思量，可惜很少有人认识到孔子思考的深刻之处。

这就是哲人的思考，这就是孔子感叹的缘由。夫子当然是用的比喻。人立身成功当由道，犹如出入当从户。人生日用行习无非道，却终身由之而不知。谁能出外不从门户呀？但为何没有人肯从人生大道而行呢？还有一位古人也有此思。《列子·说符》云："稽度皆明而不道也，譬之出不由门，行不从径也。以是求利，不亦难乎？"孔子不孤啊！

孔子之感叹乃是百感交集。慨叹群体对生命本根之大道缺乏体认，如同出不由户一样荒谬却浑然而不自知。足出户，由斯道。出由户，乃此道。此为天道。《论语注疏》以为，言人立身当由道，譬犹出入要当从户。何人立身不由此道也？天下归仁之道何人践习？为政以德又在哪里？天迷茫，人茫茫？

其实，夫子是有自信的。但势单力薄，事不由己，大道之行，从何迈步？孔子责怪门徒了吗？责怪民众了吗？中国长期处于农耕社会。思维定式积习太深，大家出屋都是从门户而行，这是常识公理，有谁想到又敢于另辟蹊径呢？

率由旧章不行，呼唤革故鼎新。大道何在？直到先进的中国人找到马克思主义。一时间，中华有方向，开新局，谱新篇。创造新文化，创造新生活，这就是中国特色社会主义的大道。

　　子曰："知之者不如好之者，好之者不如乐之者。"

古代士人的三重境界

　　孔子从三岁开始就"陈俎豆，设礼容"做游戏，长大后又在丧礼上把喇叭吹得山响。他仅仅是好玩吗？那是求生求知，认知这个世界。走到哪儿学到哪儿，神秘的地球不正是知识的海洋？

　　古人如何好学。子曰："知之者不如好知者。"这是孔子的学习心得。宇宙洪荒，学起来才有玄妙。叔本华说：世界是我的表象，离开表象我们就不知世上还有什么其他的东西。有另一个地球吗？有另一个人类吗？因为我没有关于它的任何表象，所以，它们是不存在的。而孔子没有这么高奥，中华文化的唯心主义也未有如此玄邃，所以，孔子要人们埋头去"知之"，认知的东西就是生活本真。他是怎么懂的？

　　而人类的"知"这点事就被孔子演绎起来了："知之""好之""乐之"，是士人好学的三重境界。孔子不经意间发现了人类学习的一条客观规律：人生求知好学始。黑格尔也说，假如没有热情，世界上一切伟大的事业都不会成功。孔子师生当然是热情高涨而"好之"。每日在阙里陬邑那条陋巷,靠一箪食一瓢饮而生存的,却是一位好学者。

然而,世事非仅有热情就成功。朱熹云:"知之者,只有此事也;好之者,好而未得也。"这不够,唯有"乐之者,有所得而欣然也",那才是为学境界之至。芸芸众生和学子后生,若仅有一腔热情,很容易半途而废,功亏一篑。吾师张岱年认为:"所谓乐之,即依其所知以实践,而获得一种乐趣。"梁启超那样的大师会怎样学?他说:"当抱一个兴趣主义,去掉那种神秘的外纱和沉重的压力。"把学当作生活的乐趣。

这学习求知境界谁有?

————————————

子曰:"智者乐水,仁者乐山。智者动,仁者静。智者乐,仁者寿。"

乾坤静乐为我谁

人类万年纷纷来做人间之旅,你感觉如何?多数体验者抱怨而归:或谓旅途太苦,或曰世界太乱。

然而，儒家竟以为人生大有可乐。子曰："智者乐水，仁者乐山；智者动，仁者静；智者乐，仁者寿。"这是孔子人生观，人生无不乐！人是感知这个世界的主体，早上太阳冉冉升起，万丈霞光，沐浴你我；夜间月亮悄悄升而凌空，轻撒薄纱，温暖万家。天地无私，春风慷慨，贫富无欺，好呀！乐啊！但人世间和自然界，哪里免得了狂风骤雨、天翻地覆？地球这个巨大的生态系统，还要进入和撞上人世社会的各种生态小系统的呀！遇人不淑，宅不处仁，天不时、地不利、人不和，多座大山压下来，污泥浊水泼下去，叫庶民一条小小生命如何能静、如何可乐呢？纷纷扰扰，磕磕碰碰，才是我们的真实生活吧。

别无选择，且度时艰，尽在汝之仁智。曾国藩挥军恶战中仍每日坚持静坐片刻用来修身悟道。一旦你忙得天昏地暗、日月无光，何不脑门上自冲一拳：笨蛋！你的智慧在哪里！但是，苏格拉底说："我认为'智慧'这个词太大了，它只适合于神，'爱智慧'倒适合人类。"

为什么孔子有乐？马克思说：一种美好的心情比十服良药更能消除心理的疲劳和痛楚。孔子是信仰快乐主义的，孔子之乐山乐水建立在唯物基础之上，中华文化确实是药食同源。

你最近心定是什么日月？仁寿智动，乐山乐水，若修得个"乾坤容我静，名利任人忙"，谁能我与？

子曰："齐一变，至于鲁；鲁一变，至于道。"

孔子主张变革还是守旧

现在人们天天在想什么？发财？当官？而春秋孔子异之。那时候他老人家想的是：天下归仁。思考着：世界要不要变、朝哪里变？这位体制外的庶民就不可理喻地整天去操心，整天睡不着。这明明是君主王侯的工作嘛！跟你一个从业丧事的吹鼓手何干？乱弹琴！

这就是中国士人之情怀。而有一天孔子似乎很高兴。为何？子曰："齐一变，至于鲁。鲁一变，至于道。"孔子发现世道有变了！齐国濒海有鱼盐之利而重事功，现在它变得有点似鲁国知礼了；而鲁国变得近于"道"了。朱熹说：当孔子之时齐俗急功利，喜夸作，乃霸政之余习。孔子环视之，鲁国有儒家文化，宋国存墨家文化，楚国有老子文化。郁郁乎文哉！可惜从整体政治而言，周室衰弱，诸侯恣睢，战乱频仍，祸加百姓，寡妇颜徵在不是曾经抱着三岁的孔丘颠沛逃命吗？一路上多少艰辛多少感知！对百姓头上苦难烙印太深了，故而孔子决心要改变世界。

但是，不肖之徒抹黑孔子："复辟狂""守旧夫""丧家犬"。有饱学之士云：孔子反对改革主张倒退，为奴隶主贵族代言人。呜呼！瞽者不可与乎文章之观。岂不见《论语》明明有"变"字在此?"欲加之罪,何患无辞"?孔子已作古千年,纵有百口千舌,终难一辩;纵有千眼百目,终难一怒。

事实是,孔子一生求变。他欲变夏商之"礼"为春秋之"仁";变殷周"学在官府"为"学在民间";变贵族世袭专权为庶民"学而优则仕";变以出身论富贵为以道德论贵贱。整个儿要变天!孔子之求变,乃求政治之变,人心之变,文化之变,天地之变,变出新世界。还其本真,孔子是一位变革家。

子曰:"觚不觚,觚哉?觚哉?"

儒家已有对创新价值的界定与认知

孔子是一位社会评论家。他是站在社会前头促进还是在社会后面促退?人们对他多有议论,褒贬不一。但无论如何事物总是变化的,有谁最先感受到这种变化?新潮人士?

孔子又发议论了。子曰:"觚不觚,觚哉?觚哉?"他是说:觚不像觚的样子,这还叫觚吗?这还叫觚吗?一个酒杯模样改变了,值得老夫子大发感慨吗?酒器是礼的一个符号。此器名为觚,取其"寡少"之义，用意是戒人贪饮。上古酒器含有很多礼制讲究，饮酒者必有敬畏。《丹铅录》曰：古人制器尚象，以一觚言之，上圆象天，下方象地，且取其置顿之安稳焉。酒器在春秋之世被腐朽贵族改变。为加大容量，破棱角为圆弧，以沉湎于酒，戒人少饮之义没有了，名不副实，古风不存，成为四不像。这被孔子偶然发现了而叹之，联系到礼崩乐坏，孔子焉能不急？故何晏曰：觚哉觚哉，言非觚也，以喻为政不得其道则不成。北宋陈祥道曰：有觚之实，然后有觚之名；有觚之名，而无觚之实，则觚不觚矣，尚得谓之觚哉？讥其有名无实者也。皇侃曰："觚不觚"，言不知礼也；"觚哉觚哉"，言用觚之失道也。

孔子以社会学家的敏锐目光，见微而知著，见器而察政。程子曰：觚而失其形制，则非觚也。举一器，而天下之物莫不皆然。从一只酒杯的形状改变，洞悉上层贵族统治者的奢靡浮华淫败之风气，而且站出来大胆抨击。孔子有勇啊。

然而，却有现代人将此章解读为"孔子是反对变革"，是保守的。是吗？孔子一生不是对改变世界、变革社会孜孜以求？《论语》中十三次言政，孔子欲将贵族之政变革到"为政以德"；变动乱社会民众流离失所为"安人安百姓"；把"学在官府"变到"学在乡村"；把贵族世袭变为"学而优则仕"。孔子主张损益，马克思主张扬弃，即既克服，又保留。求新求变贯穿孔子一生。此酒杯做大，何新之有？

这是儒家对创新价值的界定与认知。

子见南子，子路不说。夫子矢之曰："予所否者，天厌之！天厌之！"

孔子也有被"逼到墙角"时

这是孔子平生的一桩糗事？好不尴尬。怎么回事？《论语·雍也篇》云：子见南子，子路不说。夫子矢之曰："予所否者，天厌之！天厌之！"原来是孔子到卫国跟南子见了面。门徒中一时间大哗：羞辱、忧虑、愤懑，七嘴八舌，议论纷纷。真不该！孔子不该见"淫妇"，老师岂不太丢人了？

那么，南子究竟是什么人？原来，南子是卫国国君卫灵公的妻子，是个政治家，她欲附庸风雅提出要见孔子。孔子就去了，门徒愤愤不平。耿直的子路是"炮筒子"，率先开火表不满。孔子被逼得连连对天发誓：我若有违礼，让上天厌弃我、厌弃我！这是发毒誓。

纵观全文，依太史公的记载，南子见孔子并无有失礼之举。第一，她没有与孔子直接照面，而是隔了一帘帷幕的。第二，她见孔子服饰齐整礼遇有加（"环佩玉声璆然"）"再拜"，其礼节之重与诸侯卿大夫怠慢孔子的行径相比，近乎云泥之别。故无不妥。朱熹《四书集注》曰：圣人道大德全，无可不可。其见恶人，固谓在我有可见之礼，则彼之不善，我何与焉？然此岂子路所能测焉？故重言以誓之。但门徒不理解，所以，孔子当即发誓先去疑，待后再证明无辜。这是孔子的襟怀与策略。

南子与孔子其实真的是清白的。《论语正义》曰：此章孔子屈己，求行治道也。"子见南子"者，南子，卫灵公夫人，淫乱，而灵公惑之。孔子至卫，见此南子，意欲因以说灵公，使行治道故也。"子路不说"者，子路性刚直，未达孔子之意，以为君子当义之与比，而孔子乃见淫乱妇人，故不说乐。"夫子矢之"者，矢，誓也。以子路不说，故夫子告誓之。"曰：予所否者，天厌之！天厌之"者，此誓词也。予，我也。否，不也。厌，弃也。言我见南子，所不为求行治道者，愿天厌弃我。再言之者，重其誓，欲使信之也。此论相当合情理。《易》曰："法象莫大乎天地。"孔子虽为人师，有口难辩，情急之下只好对天发誓。真的是无可奈何啊。

子曰："中庸之为德也，其至矣乎！民鲜久矣。"

中庸之道是孔子一大发明

人类思维的着力点在哪里？在方法论？苏格拉底说：知识即方

法。恩格斯是那么智慧，他也说：马克思主义不是教条，而是方法。那么，中华文化在人类文明中的先进性何以证明？它对人类的方法论认知有何贡献？中庸之道是孔子的一大发明，它也是人类文明的一大发现。

孔子是如何想到的？"长期积累，偶然得之"？他生活中已有痛切而深刻的认知基础。子曰："中庸之为德也，其至矣乎！民鲜久矣。"岂止民鲜久矣，世界亦鲜久矣。人类从莽林走向平原，造化了多少大小文明？可大都灰飞烟灭。即使四大古文明，亦唯有中华文明五千年传承不绝。其他三者何以断绝？其未得中庸耶？中华之所以不绝者，以其得中庸耶？中庸为何？不偏之谓中；不易之谓庸。中庸之为德。中华文化为"德文化"，为方法论文化。在社会"君子中庸，小人反中庸"。小人岂有不败之由？君子焉有不立之理？

孔子为何坚持要人们追求中庸之德和为政以德？他是想要民众人人向仁、个个有德，欲要使中华民族成为世界最高美德一族。

中庸当然是孔子对人类思想方法的一次长考、一次高度抽象。他是汲取了《易》之智慧——平衡、统一和整体论的认知吗？孔子思想方法的精髓是"中庸"，这不正是世界与人类生存发展的大道大智吗？

述而篇第七

子曰："默而识之，学而不厌，诲人不倦，何有于我哉？"

不学，你的人生将超低空飞行

古代老百姓最缺的是吃穿住？不，缺的是信息见识。虽说人人心中有皇帝，却恐怕是一辈子连皇上的眉毛眼睛都没有瞧见过。偶尔听说"皇帝坐了龙庭"老百姓当然皆大欢喜，"普天之下，莫非王土"，没见过皇上又何妨？可是孔子没有一寸土地，竟被封为"素王"。这是褒奖还是讽刺？该悲该喜？

但孔子似乎并不在乎，他只是"默而识之"。宋朝朱熹倒是一个极静默的人。他的读书方法特别：三年不窥园，入到书最精微处。惭愧！我们的内心什么时候"静"过？从小到大，一级级往上升，全是学校学制的安排，我们不过是一张张长了腿的"书桌"被搬来搬去而已。

奥秘是，孔子师徒哪来那么浓厚的兴趣和高涨的学习热情？我们在中小学每天的朝读是"小和尚念经，有口无心"。老师一走，教室里那声音是"慢慢低下去、低下去"。孔子却是"学而不厌"。你听见孔子言过一个"苦"字吗？陀思妥耶夫斯基说："我唯一担心的是我是否配得上所受的苦难？"孔子配得上？他只是发愤忘食，默默识之，"学而时习之"。这是一种什么样的精神造就、人文成长和自我开发？他自谓"何有如我哉"，是如此自信流淌的呀！

回头看，中国缺少一首歌《学习孔子好榜样》。但是，实际上后生们是那样唱了做了。目标是有的，"好风凭借力，送我上青云"。风是什么？是学！孔子呼吁"学而优则仕"。隋朝开创科举制度以后，一个个青年人才气喘吁吁赶潮流。"朝为田舍郎，暮登天子堂，将相本无种，男儿当自强。"那实在是真实的中国剧、中国风啊！这股风在华夏大地酝酿升腾一千三百年，高入云端。靠什么改变命运？唯有一个"学"，方得命运的舟楫之利。

中华好学，世代相传，走向成功。王夫之说：非默于口也，默于心也。默于心者，言思路断，心行处灭，而豁然有契焉！现代莘莘学子还在传承"默而识之"的定力吗？

孔子昭示：不好学你的人生将超低空飞行。

子曰："德之不修，学之不讲，闻义不能徙，不善不能改，是吾忧也。"

孔子很早提出"人的生存和发展理论"

中华古代文化先进于西方文明的是什么？中西文化的最大距离在哪里？窃以为，在人的发现和自觉。孔子在文化史上第一个提出人的发展理论。在那个崇神图腾的时代，人的发展思想是孔子对世界文明价值理性贡献。

石破天惊！二千五百年前孔子就以为人是可教化的，人的道德是可以发展的。子曰："仁远乎哉，我欲仁，斯仁至矣。"这是孔子鼓动门徒努力修身向仁前进。孔子又曰："性相近也，习相远也。"即是说，人的先天秉性相近而关键在后天的习性养成，大相迥异。这是人的发展思想的理论基础。人如何发展？子曰："德之不修，学之不讲，闻义不能徙，不善不能改，是吾忧也。"孔子以为，人发展的途径既有"学而时习之""洁己以进"和"我欲仁，斯仁至矣"，又有去弊升德，去掉弊病好前进。因此，孔子以为，人是在社会生活中发展，是在学习中发展，是在实践中发展的。

孔子的人的发展思想极为丰富，有身心协调发展，后天发展，主动发展，学习发展，重点发展，损益发展，内力发展，自我发展，克己发展，引领发展，主导发展，远神发展，差异发展，个性发展，因人发展，渐进发展，榜样发展，集体发展，修德发展，闻义发展，扬善发展，向前发展，高尚发展，等等。孔子又主张人要做自己的主人。他将人的发展与社会发展视为一体，人的发展要与社会相结合，提出人的发展目标和社会发展理想。发展具有整体性、综合性。

人的发展目标是什么？孔子期待门徒成为仁人君子，而他的社会愿景是天下归仁。他将发展寄希望于人——在人，由己！孔子一生致力于人的发展和社会变革，有所作为，有所成功。

孔子提出人的发展思想具有极大意义。儒家引导人们追求人的价值，使中华文化具有强大生命力。纵观历史，大凡先进文化皆重视人的发展。

人的发展，永无止境。

子曰："自行束脩以上，吾未尝无诲焉。"

孔子开教育平等先河

人类走向文明征途一开始即是将"创造性"之形上随身携带着。

他们走一程就创造一番：钻木取火呀，打磨石器呀，弓箭呀，结绳呀，渔网呀。几乎"天天"有发明创造。正如中国哲人所言："人类总是在不断地总结经验，有所发明、有所创造。"于是，他们就把从前的动物朋友越甩越远了。

那时候，最了不起的神奇创造是文字。有聪明人拿起一根小棍子在地上画着玩。把眼前的树木呀、两条腿人呀和天上太阳月亮呀，模仿乱"画"一气。后来竟"画得越来越像"。于是，大家就把象形的"人""日""木"这些符号认同当作"人""日""木"本身，进而慢慢传播开来，奇妙文字也就被创造出来了。多么偶然，其实必然。这是多么重大的事件！多么巨大的发明！值得普天同庆。可是，谦逊的人类竟懵然不知其价值。感谢你，祖先，你创造出文字为一切文明奠下基础。而聪明的人类又发明"学校"来教学"文字"，庠这一新形式也被创造出来。此时的生产力发展了，私有制这个野兽从天而降。人类从此分化为贵族与奴隶身份烙印。贵族占有一切：土地、山林、权力、学校、思想。文字也被垄断——"学在官府"，只有贵族子弟才能学习。

当时，在北半球的东方有一巨人高举人文旗帜创办私学，并打出呼号："有教无类"，与整个统治者对抗。子曰："自行束脩以上，吾未尝无诲焉。"只要身高在成人束腰带以上、年十五岁以上者没有不收不教的。这就是孔门学校——世界上第一所个人创办的乡学在华夏诞生。穷人识字学新知，孔子带来了世界新文化现象。

特别不解，孔子为何要向穷人施教？这不是向旧体制政治秩序挑战吗？是要底层布衣走向解放吗？马克思说：任何一个新兴的阶级的实际任务，只有把那些至今仍然套在人们头上的枷锁解放出来，才能真正地推翻自己面前的统治阶级。可惜孔子干教育这活儿还太早，他只不过要砸掉村民头上的文盲锁链而已。

孔子来到世间向奴隶主独占文化宣战，欲普及文化使人类文明意识骤然提升。孔子"有教无类"和"未尝无诲焉"的生命价值观，引领了人类一次价值重构时代。

子食于有丧者之侧，未尝饱也。

孔子的精神胜利法

人类的精神何时起出了毛病？人类的身体疾病先于精神疾患吗？无论如何，从森林走出来的人类已浑身伤痕，而迷茫是每日伴随着躯体行走着。天那么高，雷那么震，闪电多可怕，洪水猛兽凶猛，饥饿在腹中煎熬，加之在夜黑吞噬下，祖先们对自然界充满恐惧。人的力量不够，向谁借力？人于是创造出神，印度有佛陀从菩提树下走出，上帝不邀而降临人间。神们劝谕人忍受，指引人憧憬极乐天堂光明来世。现世的这点苦难又算得了什么？是故人类精神得以解脱。所以，人类其实是需要精神胜利法的。

中华文化当然也有此法。鲁迅作品中的阿Q就是得古人之传。孔子有吗?《论语》记载:"子食于有丧者之侧,未尝饱也。"肌体饿而饱精神——这就是孔子独创之法。孔子体验到饥饿的滋味了。专家说孔子很懂养生学,说过"君子食无求饱"的。这是很合现代健康秘籍的。专家却有所不知,孔子食无求饱恐乃是出于无奈。司马迁说:孔子出身"贫且贱",穷有吃饱吗?鲁迅推及孔子有胃病,胃病能吃饱?然而,根本原因,孔子三岁丧父,随母流浪,缺衣少食为常态,恰似今日贫穷国家的儿童一般,尝足了饥饿和胃痛。所以,在有丧者之侧未尝饱也,既是尊礼,也要受得住啊。

人类体会饥饿的机会是很多的。美国20世纪30年代大危机饿死了不少人呢。饥饿是人类的一种跨世纪的体验,但也有古今不同之意。马克思说:饥饿总是饥饿,但是用刀叉吃熟食来解除的饥饿不同于用手、指甲和牙齿啃生肉来解除的饥饿。孔子那会儿有刀叉吃肉?但是今日大腹便便的富人们有时饿一顿说是"为地球减碳"——现代有多少精神胜利法?

子于是日哭，则不歌。

孔子如何与庶民情感共鸣

宋儒心中的一大悬疑是"孔颜乐处"。他们怎么能理解孔子师徒那么艰难碰壁却乐而忘忧呢？栖栖遑遑若"丧家之犬"，司马迁亦是终究未解孔子的精神世界。其实，孔子内心也是有悲的，血肉之躯，难道不会敏感于人民苦难和人间悲剧吗？

史料有证。《论语》说："子于是日哭，则不歌。"《朱子集注》云："一日之内，余哀未忘，自不能歌也。"由此可见，孔子当然是生活中的孔子，目睹多少世间痛事。"昨日与君叙，今日生死隔"，焉能不哭？这不是见到一个悲伤孔子吗？哭了。而孔子学校当然需要振奋人心的歌声，但这一天是不能唱了。此乃圣人的真性情，儒家实在与庶民情感相通共鸣。张居正说：夫子哀死亡之心真切而不能自已。盖临哀丧，则其一日之间不复咏歌。但孔子也有心情最痛而歌，司马迁《史记》记载：桓子率受齐女乐，三日不听政。孔子遂行，而师不送。子曰："吾可歌夫？"悲极而歌！可以想见孔子其时心胸多么痛彻！但桓子也是后悔了的，说"夫子罪我"，然而太迟了。

子曰："富而可求也，虽执鞭之士，吾亦为之。如不可求，从吾所好。"

儒家求富的自主与自觉

世界上的骗子有甜蜜蜜的，有笑嘻嘻的，共同的是：他们额头上绝不会写上"骗子"二字。但这不算高手，真正的巨盗大骗默默地施展其诱惑力，骗去你的心思你的精力你的时间和你的一生。当你醒悟时发现两手空空，可为时已晚。古今多少人吃过这样的大亏？

此大骗乃谁？其姓财名富。人生在世，忙忙碌碌，谁不为它打工？为它打拼？哲人智者中有明白的，孔子是半信半疑的。子曰："富而可求也，虽执鞭之士，吾亦为之。如不可求，从吾所好。"何其难得！他老人家有一分清醒。更惊奇的是，孔子的思想竟然对富贵是开放的。他也要去努力，去追求，但不把生命全押在这上面。这就是智慧，与财富保持距离，主导在我。岂容你牵住我的鼻子？岂能跟在你后面匍匐而行？咱士人是有尊严的，你财富算个什么东西？《孔从子》说："不取于人谓之富，不辱于人谓之贵。"康熙时期进士汪应铨也说："人生何为富，山水绕吾庐。人生何为贵，闭门读我书。"富贵，尔奈我何？

谁创造了钱币，让其如此猖獗横行？开始时黄金名曰铜钱，后来是一张破纸，花花绿绿。谁看得真？它迷倒了多少名利客？

中华士人要保持些清醒。

冉有曰："夫子为卫君乎？"

子贡曰："诺。吾将问之。"

入，曰："伯夷、叔齐何人也？"曰："古之贤人也。"曰："怨乎？"曰："求仁而得仁，又何怨？"

出，曰："夫子不为也。"

儒家的境界——求仁无怨

中国古文化第一大差失是重质而轻量，很多事物缺少量化。而科学与否的一个界限就是量。西方现代文化是注重量的分析的，譬如，美国《福布斯》世界五百强排行榜一定是资产达到多少亿美元以上。中国文化对如何区分君子与小人也只有主观抽象。"伯夷叔齐，何人也？"孔子曰："古之贤人也。"孔子说是就是，心中一定有标准。为什么那么被诟病？因为你没有量化！

对此章，朱熹解读曰：伯夷、叔齐，孤竹君之二子。其父将死，

遗命立叔齐。父卒，叔齐逊伯夷。伯夷曰："父命也。"遂逃去。叔齐
亦不立而逃之，国人立其中子。其后武王伐纣，夷、齐扣马而谏。武
王灭商，夷、齐耻食周粟，去隐于首阳山，遂饿而死。怨，犹悔也。
君子居是邦，不非其大夫，况其君乎？故子贡不斥卫君，而以夷、齐
为问。夫子告之如此，则其不为卫君可知矣。盖伯夷以父命为尊，叔
齐以天伦为重。其逊国也，皆求所以合乎天理之正，而即乎人心之
安。既而各得其志焉，则视弃其国犹敝蹝尔，何怨之有？若卫辄之据
国拒父而惟恐失之，其不可同年而语明矣。程子曰："伯夷、叔齐逊
国而逃，谏伐而饿，终无怨悔，夫子以为贤，故知其不与辄也。"一
个是父子争位，一个是兄弟推让，高下立判。

子曰："加我数年，五十以学《易》，可以无大过矣。"

儒家诠释生命的价值

古人探求生命是不懈的。"彭祖如今以久特闻"是哲者的关注，
而"朝菌不知晦朔，蟪蛄不知春秋"，庄子的欣羡与意怜如此。看清
了人类的生命大道了吧？而庶民到底是以糊涂一世还自诩："我活了
七十九岁了，活够了！"九斤老太何尝不是芸芸众生的心声代表？《齐

物论》是每个生命体能达成的意识吗?

孔子其实是有奢望的,子曰:"加我数年,五十以学《易》,可以无大过矣。"孔子奢想多活几年干什么?为读书!孔子与《易》关联碰面一定是晚了。我们一生中谁没有相见恨晚之叹?鲁迅不是时时自警"要赶快做吗"?《易经·系辞》云:"古者包牺氏之王天下也,仰则观象于天,俯则观法于地,观鸟兽之文,与地之宜,近取诸身,远取诸物,于是始作八卦。"孔子晚年得《易经》而喜,承其变,弘其德,忽其神,发其仁,有损有益,实在难能可贵也!然而,其仍有憾:欲"加我数年"。俞良弼诗云:"白发无凭吾老矣,青春不再汝知乎?年将弱冠非童子,学不成名岂丈夫。"圣人"克己以进",其可知也。

宇宙时空才不管你谁谁、贫富贵贱呢,大步朝前,老旧送你,时出日新。杜牧明白这一层:"公道世间唯白发,贵人头上不曾饶。"谁岂能心存幻想青春永驻?有富豪表示愿以千亿身家换得二十年青春。富者大约都存此梦想。那么,忽然发现,我们每个年轻生命不都是千亿身家了?周公为《易》作系,孔子为《易》作传。我们如何去做才可以无大过呢?

子所雅言,《诗》、《书》、执礼，皆雅言也。

孔子对发展中华高雅语言的文化自觉

学会说话是人类进化发展的一个里程碑。语言与文明密不可分。世界有多少文明？又有多少语言？民谚有云：千里共同天，十里不同音。语言因地域、民族、种族而大有不同。中国老百姓自创分类：朝廷使用的叫官话，民间的叫乡音。语言还可分为"雅言"和"俗语"。劳动群众是语言的创造者和发展者，但是，民族语言发展离不开巨人的推动。

中华语言的智慧与美丽光芒放射得相当早。中华文化脱俗攀雅，从《论语》即可见微知著。"子所雅言，《诗》《书》、执礼，皆雅言也。"人们读到此章对圣人肃然起敬。奇怪呀，孔子是陬邑乡村青年，出身卑微，为了活命当放羊倌和丧葬业吹鼓手，各种卑贱的活计都做过。那时，贵族垄断"学在官府"，孔子没踏进过庠序之门，没人教他一个字，咋能？是从"三人行必有我师"学到的。《论语骈枝》曰："夫子生长于鲁，不能不鲁语，惟诵《诗》读《书》执礼三者，必正言其音。"孔子与乡党说话用俗语，但诵读《诗》《书》，执行礼事不随俗，都是用雅言。《论语注疏》云：此章记孔子正言其音，无所讳避之事。举此三者，则六艺可知。诚哉，斯言！孔子用雅乃是重视继承前代文明成果。钱穆曰：孔子之重雅言，一则重视古代之文化传统，一则抱天下一家之理想。此章亦征其一端。原来，孔子使用雅言有更深层的思考，乃是与国家一统政治相联系的。此其大志也。

语言是一面反映社会风貌和个体灵魂的镜子。孔子当年居陬邑阙里之乡，饭疏食，饮水，身卑业贱，却未曾降低自己的人文品质。一介村夫，自说雅言，且一以贯之，这是多么高远的文化自觉。而且，他整理各国《国风》民歌也没有媚俗。"诗三百，一言以蔽之曰：'思无邪'"。孔子对中华文化的高雅品质贡献至伟。正是诸多先贤智慧，才使今日汉语成为世界公认的优秀语言。在提倡整顿网络邪气歪风，传播正能量之际，我们何不一起动手，披坚执锐，去污秽之痏疽，扬汉语以高洁。若此，于民族，于文明，于人类，岂非善莫大焉。

叶公问孔子于子路，子路不对。子曰："汝奚不曰：其为人也，发愤忘食，乐以忘忧，不知老之将至云尔。"

孔子为古代发愤自强好学之典范

孔子奇人耶？志士耶？他在青少时遭鄙视，发愤而学，却受到世人质疑。叶公向子路问孔子为人怎么样，子路不回答。孔子如何自评？子曰："其为人也，发愤忘食，乐以忘忧，不知老之将至。"《论语注疏》曰：此章记孔子之为人也。而吾以为此章言孔子之志也。《论语正义》曰："发愤忘食"者，谓好学不厌，几忘食也；"乐以忘忧"者，谓乐道不忧贫也；"不知老之将至"者，言忘身之老，自强不息也。实在是理直气壮！钱穆曰：此章乃孔子之自述。孔子生平，惟自言好学，而其好学之笃有如此。学有未得，愤而忘食；学有所得，乐以忘忧。此其所以为大圣欤？《四书解义》曰：此一章书是圣人自明其好学之笃也。朱熹曰：此章见圣人之心，但觉义理之无穷，绝不知身世之可忧、岁月之有变。所言甚是！

原来，在那兵燹暴荒的春秋乱世，孔子未以神巫做心灵鸡汤自欺，去向往天国，而是将目光拉回地面关注现实生存，发愤学习，乐以忘忧，初始有为。这个贫贱小子在动乱社会不自卑不信命又不甘命，开辟发挥自主性能动性的广阔空间，可以学，可以作，可以乐，可以立而不知老，谁能阻挡？此乃《易》之大恒精神，自强不息，命运操之己手。

人类自从有贵族阶级之后，贫贱出身的青少年就面临着一个困扰：为何而生？认命，浑浑噩噩穷苦一生；不认命，那路又在何方？多少青年在思考在探索。而孔子走的是"发愤忘食"好学之路。这是一条新途，一条大道。一个"学"字，开辟出后世青年无尽梦想，无穷希望。中国农耕社会，权力被贵族把持，底层青年能有什么盼头？能找到什么出路？唯一只有学啊。故而，有人发掘出耕读结合的智慧，又开创出耕读传家的中华传统。至于近代贺麟先生的家训有"带锄而读"——耕读传家，中国精神啊！

孔子为何而学？为忧民忧仁忧道。何以安民，何以安仁？孔子期待"天下归仁"。为什么？马克思说：要不是每一个人都得到解放，社会本身也不会得到解放。见"人当有为，天之所与"之大道，察"天人合一，我固有之"之奥秘，最终归结为"发愤"。生命哲学、人生价值尽在此。"老之将至"又何妨？孔子是用生命回答了。

子曰："我非生而知之者，好古，敏以求之者也。"

孔子对先知、先验的立场态度

现代人为自己"涂脂抹粉"，每日花了多少工夫？可是他们又抱怨时间不够。而孔子倒霉的是被别人强加打扮，一件件外衣往上披，神啊圣的，弄得孔子身上沉甸甸的。最后，又一件件将之剥脱下来，让他走下神坛去圣化。

孔子有什么神秘吗？子曰："我非生而知之者。"大实话，真心话。孔子何时将自己神化？后世造孔神与他何干？司马迁也赞成真孔子，他在《史记》中说："孔子学鼓琴师襄子，十日不进。"十天没敢学新曲，这个孔子不是如同你我凡人一样习学困苦吗？知识是后天生活中习得的，这是中华文化的知识观。而柏拉图的认知是：知识和真理属于先验系列，属于一个纯粹的永恒理念的王国。黑格尔也认为"绝对理念"是先天的。孔子在知识来源上的态度最接近于马恩科学的辩证唯物主义认识论，也是孔子代表中华文化对先知先验的一次果断否决。

　　子曰："圣人，吾不得而见之矣；得见君子者，斯可矣。"

　　子曰："善人，吾不得而见之矣；得见有恒者，斯可矣。亡而为有，虚而为盈，约而为泰，难乎有恒矣。"

孔子关于"人"的现实主义论

　　人应当如何认知人与社会？孔子是社会学家，一辈子对人与人、人与自然的关系做研究，瞭望世界，关怀人类，教授门徒，在世俗实践中求生存。

　　那孔子是如何看社会之人的？子曰："圣人，吾不得而见之矣；得见君子者，斯可矣。"子曰："善人，吾不得而见之矣；得见有恒者，斯可矣。亡而为有，虚而为盈，约而为泰，难乎有恒矣。"

　　什么意思？孔子说：圣人，我是不可能见到了；能够见到君子就可以了。又说：完美的人，我不可能见到了，能见到保持高尚品德的人就可以了。没有却装作有，虚空却说成充足，穷困却装作富足，这样的人是难保持好的品德的。《大戴礼记·五义篇》以为："所谓圣人者，知通乎大道，应变而不穷，能测万物之情性者也。"圣人也太"高大上"了吧？《论语集说》云："圣人道全德备，大而能化者也。"有点可望不可即的味道？

那么，孔子失望了吗？没有。他不是明确说"得见有恒者，斯可矣"吗？孔子之思维，立定大地，坚守真善，从社会现状出发，寻找真善美。这是孔子的现实主义立场和处世态度。

子与人歌而善，必使反之，而后和之。

谁是中华古代文化的第一代追随者

孔子有个性，多快乐，爱歌唱。是因快乐而歌唱？还是因歌唱而快乐？其实这是孔子的生存方式、生活态度。

无论如何，孔子有唱歌的禀赋，且喜好唱歌。有证的。"子与人歌而善，必使反之，而后和之。"果然如此！孔子与人一起唱，若唱得好，还要人家复唱，跟着和唱。孔子这一爱好与他所从事的工作有关。他本是丧葬业场上的吹鼓手。那么，孔子在哪里唱？与谁歌唱？窃以为，孔子唱歌的对象是众多的、开放的。可能有士人、有门徒，有丧葬业者，多是乡党。孔子一生七十三年里，大部为民，只有五年在官。与乡党交往最多，最放松。孔子与庶民心连心，爱听乡音，爱与民唱。何也？司马迁谓"孔子贫且贱"，孔子自谓"吾少也贱"，为什么不能穷快活？与民同乐，与民同行，这就是孔子！却也是新精神、新生活，可以窥见华夏先祖们的底层生活方式如此丰富多彩。那么，他们的物质资料很富裕吗？非也！孔子师徒生活令人心酸。先生是"饭疏食，饮水，曲肱而枕之"；学生是"一箪食，一瓢饮，在陋巷"。没有什么东西值得炫耀、歌唱和快乐的呀。

生活很苦，人生当乐。谁能阻挡中华士人精神万千气象？孔子贫穷，却是古代诗歌和中华文化的第一代追随者。诗歌一唱再唱，自己还跟着哼。这个头一开，你看，整个华夏族群高歌猛进，高雅起来，中华成为诗歌之国。此一中华，那民间是国风阵阵，"关关雎鸠，在河之洲"，"坎坎伐檀兮，置之河之干兮"；而那宫廷是夜夜笙歌，霓裳羽衣曲、春江花月夜、将军令、十面埋伏。官民都有了。这一切，孔子一定始料未及。他只是要建立新生活方式对抗堕落，要"不为酒困"，要一统天下，要为政以德，要进军朝廷，要安民富民，要奋发向上，要精神徜徉。孔子的儒家思想是有音乐有自由的。哲人说，人如果没有一分钟自由的时间，那么，他就连一个载重的牲口也不如。孔子成为圣人的秘籍算是大白天下了：简单生活，心智自由，人同此心，何不歌唱？

子曰："奢则不逊，俭则固。与其不逊也，宁固。"

中华文化的一次理智选择

虽然"人生不满百"，却是"常怀千岁忧"。圣人君子有思。子曰："奢则不逊，俭则固。与其不逊也，宁固。"再次明证，孔子儒学为生存哲学翱翔于乡村之间，或因穷至于此。然则，孔子成为大司寇，君王之下百官之上，亦未曾因显达而移志。古希腊大哲学家苏格拉底云："未曾思考过的人生不值得一过。"而孔子对生存的奢、俭这两个方式，岂无长久的思虑、比较才明朗和坚定起来的？先贤在选择，所以，孔子达成俭而固的人生观，是理性而非无奈。"与其不逊，宁固。"就是他老人家的决定心和方法论，是孔子对生活的一次理智选择。

晋人陆云言："非天下之至德，孰能居丰行俭，在富能贫？"这是与孔子心通之士。《左传·庄公二十四年》也将俭与德相并论，算是深察人世玄机："俭，德之共也；侈，恶之大也！"诸葛亮亦云："俭以养德，宁静致远。"不然试想：你背一大筐名利，一大袋金银，能行走多么久呢？何得人生一身轻？杰克·伦敦那篇《热爱生命》中的淘金者舍不得丢了金子，最终丢了性命。白居易看得清："奢者狼藉俭者安，一凶一吉在眼前。"贪官能不出一身冷汗？

但是，中华文化是在鼓励人们一个个去做穷光蛋吗？孔子倒也没有那样的本心。恩格斯说：马克思主义不是教条，而是方法。他是透视了！我们受到些许启发了吗？

子曰："君子坦荡荡，小人长戚戚。"

中华士人的精神自信

人类社会其实是一个生态体系，是一个对立统一体。故有君子，必有小人。他们各是什么状态？孔子一言以蔽之曰："君子坦荡荡，小人长戚戚。"多么形象逼真！君子堂堂，小人哀哀，高度概括，惟妙惟肖。看君子，察小人，孔子对社会人群的认知多么深刻。《论语注疏》曰：此章言君子小人心貌不同也。君子内省不疚，故心貌坦荡荡然宽广也；小人好为咎过，故多忧惧。此一解。钱穆曰："小人心有私，又多欲，驰竞于荣利，耿耿于得丧，故常若有压迫，多忧惧。"小人不能直面自己。此乃根本？

社会大了而人们观感常有偏误。当村民摆上乌黑的蒸干菜和松花黄的米饭，文豪见了说："无忧无虑，田家乐啊！"那是他没有蹲下去了解布衣村夫普遍的精神状态。贾府的宝哥哥、林妹妹怎知刘姥姥的心酸？

孔子同情弱者。如何拯救、帮助小人？给予安慰？施舍物质？大骂一通？皆不妥。孔子以为，对小人要帮根本。小人之殇在精神"长戚戚"，不解开其心理哀婉精神常戚，他不可能站立起来的。这方面，孔子自己是一个例证。孔子怎么走出来的？当一个人身负先天之耻，三岁丧父，少年丧母，受尽颠沛、饥饿、欺凌，弱者就是他精神的类。生出恻隐之心，给卑贱以援手，该送去什么？施舍？同情？嗟来之食？不妥！孔子此生见过多少个案例？哀其不幸，你泪眼婆娑，有何效用？长吁短叹，自伤最甚。不要长戚戚了，小人们！只有自强不息，方能逆袭。意识自觉，才能釜底抽薪，焕然一新，赢得尊重，改变命运。这是儒家士人的精神自信！

　　子温而厉，威而不猛，恭而安。

中华文化之圣人气象

　　人类皆为两腿行走，脑袋高擎着。而区别是有的，肤色身高自不必说，神经元的多寡与组合当是最显著的内在差异。而后天的人性善恶习得，当然更是"失之毫厘，谬以千里"。但你所目睹的是每个个体的双足奔跑，所未睹的是他们脑子里的日思夜想。好一派寰宇精神风光、人情世象？

　　中华文化立有圣人大气象！人之相貌天生，人的表情后天形成。为何精彩纷呈，千姿百态。人有表情，圣人是什么表情？《论语》说："子温而厉，威而不猛，恭而安。"原来如此，这就是圣人气象！这就是教师表情！果然不凡。但是，温很好，为什么还要厉？这就是孔子之"中庸"所在。君子该做软柿子被人随意拿捏欺负吗？孔子曾经被人长期欺侮，受够了。所以，圣人虽是样子和平得出奇，而却又尖锐得可以，本质自立，不可欺！孔子是独特的"这一个"。鲁迅也是独特的，冰冷的，其精神气质犹似尼采、叔本华一类。鲁迅杂文那是刀刀见血。鲁迅你就不能"温"一点吗？有所不知，你想，那么爱着国家和民族的文人，每日眼里见的是强盗的血刃和内匪的昏诡，不都是砍着踩着他那颗心上？太重了。

据史料，孔子长相，司马迁说他"生而圩顶"，营养不良、佝偻病。孔子这种先天相貌表情就一乡村草民而已。"高山仰止"，后来何来如此魅力？赫胥黎说：天上星星有高低，人在宇宙有位置。董仲舒也说：天上一颗星，地上一个人，天人感应。孔子"温而厉"，那不仅是一种表情，而是一种文化，一种威力，一种气象。试想，若一味"温良恭俭让"，可配得上浩浩荡荡五千年的文明洪流？

呜呼！吾闻孔子之言，得"做人"焉！

泰伯篇第八

子曰："恭而无礼则劳，慎而无礼则葸，勇而无礼则乱，直而无礼则绞。君子笃于亲，则民兴于仁；故旧不遗，则民不偷。"

孔子如何循循善诱门徒思想品德成长

现代哲学家冯友兰先生以为孔子是中国第一位教师。这个第一不仅是在时间上，还在内涵上。孔子实在是循循善诱、诲人不倦的典范。

有证的。子曰："恭而无礼则劳，慎而无礼则葸，勇而无礼则乱，直而无礼则绞。君子笃于亲，则民兴于仁；故旧不遗，则民不偷。"意思是：谦恭而不以礼节制，就会白劳苦；谨慎而不以礼节制，就会畏缩；勇猛而不以礼节制，就会犯上乱作；直率而不以礼节制，就会尖刻伤人。君子能笃厚于亲，人们就会化而行仁；不遗弃故旧之人，民众就不会刻薄。孔子重礼啊！

古人看到了这点。《论语注疏》曰：此章贵礼也。须知孔子既是向门徒传授知识的老师，更是教育学子做人的导师。孔门学校聚集一群血气方刚青年学子，老师每天都须对他们雕琢打磨，使其克己成长。孔子当然感到责任重大，需要引导门徒直面事物复杂性，开阔视野，而不能见其一点不及其余，简单化，而导致成事不足、败事有余。所以，孔子以为必须以传统的礼来点化、约束门徒，让他们抛弃冲动、偏激，学会思考、走向成熟。

此章小而言之是孔子教授门徒；大而言之，则是孔子对人类个体品质历练提升的概括和总结。实在是孔子的心血凝聚精妙绝伦。这里有辩证法，又有系统论，还有整体观。窃以为，此一章太实用，太精彩，是体现中庸之道之大章。

孔子的教导具有针对性。他要门徒克服思维片面性，学会全面看问题，正确地处世处事，抓住了青年人的思想认识的根本特点。孔子本身就是整体思维的大师。对门徒晓之以理，循循善诱，以生动精练的语言，灌输劝导。他一定是通过长久的观察，注意到门徒的思想苗头，感到要把恭、慎、勇、直这些好品质、好性情，与礼的制约相联系结合起来。倘若大家既有恭、慎、勇、直的美德，又有了礼，向前跨一大步，岂不善莫大焉。

曾子曰:"以能问于不能,以多问于寡;有若无,实若虚,犯而不校。昔者吾友尝从事于斯矣。"

曾子的"问"学与待人之道

中华文化造词汇将一个"学"与"问"并列组合而成一词,应该是很用了心思的。而孔子很早就把"问"作为求知之匙,司马迁说他有"自入太庙,每事问"之为。孔子出身贫贱无进官学,唯有问知。他的"三人行必有我师焉"即是好学好问,其实是不得已啊。

君子之学必好问。孔子是儒家好问精神之首创者,又得曾子弘扬光大至极。曾子曰:"以能问于不能,以多问于寡;有若无,实若虚,犯而不校。昔者吾友尝从事于斯矣。"你看,多么好学好问之至! 有能力还向没能力的求教,知识多的还向知识少的请教。有知似无知,充实似虚无,被冒犯不计较。有这样美德之士吗? 曾子说,有啊,从前我的友人就是这样做的。

由此知之,做学问不单是专业还关系德行。突然明白,孔子为何要门徒一面"学而习"一面"近于仁"。仁与学不可分割,仁是做人,是引领;学是求知,是术技。问与学亦不可分。清人刘开以为,问与学,相辅而行者也。非学无以致疑,非问无以广识;好学而不勤问,非真能好学者也。理明矣，而或不达于事；识其大矣，而或不知其细，舍问，其奚决焉？君子之学必好问。贤于己者，问焉以破其疑，所谓"就有道而正"也。不如己者，问焉以求一得，所谓"以能问于不能，以多问于寡"也。等于己者，问焉以资切磋，所谓交相问难，审问而明辨之也。《书》不云乎："好问则裕。"孟子论"求放心"，而并称曰"学问之道"，学即继以问也。子思言"尊德性"，而归于"道问学"，问且先于学也。

  《韩诗外传》有记载孔子与弟子们对话。子路曰："人善我，我亦善之。人不善我，我不善之。"子贡曰："人善我，我亦善之。人不善我，我则引之进退而已。"颜回曰："人善我，我亦善之；人不善我，我亦善之。"三人所持各异，问于夫子。夫子曰："由之所持，蛮貊之言也。赐之所持，朋友之言也。回之所持，亲属之言也。"《诗》云：人之无良，我以为兄。误吧？

子曰："好勇疾贫，乱也。人而不仁，疾之已甚，乱也。"

孔子思考春秋乱世之治道

人类已拥有多少优秀品质？真、善、美、勇！孔子崇仁，爱道德。但是，人不知孔子思想有一个死穴，畏乱。"子曰：好勇疾贫，乱也。人而不仁，疾之已甚，乱也。"一连批了两个"乱"，何至于此？原来，孔子早年亲身体验认知，社会若大乱，民众必苦极。明代进士刘宗周曰："好勇疾贫"，小人之乱也；"人而不仁，疾之已甚"，君子所以致乱也。好勇者，天赋以狠戾之性，而疾贫者又不安于贫贱之常，此等奸人必为乱首。如韩侂胄望节钺而不得，终杀赵汝愚以乱宋。人而不仁，力可除则除之，力不能除则优容而化导之可也；若疾之已甚，则小人至于无可容，且得有辞于我，必反受其毙矣。即赵汝愚恶侂胄，而靳节钺之赏，终以至乱是也。不特此也，宋人攻安石卒遗绍圣之祸，唐人攻宦官卒有甘露之变，自古以来祸败之几，往往然矣，戒之哉。

春秋乱世伏尸百万。孔子三岁随母颠沛，目睹兵燹屠戮，百姓流离，砍头流血见得多了，心里就恨一个字——乱。其习得生活经验是危邦不入，乱邦不居，得以保身。所恶者，作乱。甚而恨屋及乌，恶巧言乱德，连好舌头也遭殃。所以，孔子心里也就恨两个字：贫乱。他要安人富民。可你一个村夫野老管得太宽了吧？其实，这是孔子在思考春秋乱世之治。圣人之言，其旨远哉？

孔子揭示人的本质了："人而不仁，疾之已甚，乱也。"社会不仁之人多矣，若对他们一概贵恨之，则岂不将其推更远更坏，社会也会更乱。只有引导大多数人向仁，社会才会改善。因为，人的天性有向好向上的动力呀。钱穆曰：本章亦言治道。若其人好勇，又疾贫，则易生乱。惟主持治道，则须善体人情，导之以渐。一有偏激，世乱起而祸且遍及于君子善人，是不可不深察。

子曰："师挚之始,《关雎》之乱，洋洋乎盈耳哉！"

爱音乐者才真懂生命

百无聊赖是最贫瘠的情绪，心如死灰是最恶劣的生存。人类自何时发现了天籁之声继而又模仿习得了歌唱？祖宗真的有福。音乐之功德拯救了人类的心灵。而你看看当下舞台，岂不可以想见远古先人对音乐之痴迷？

娱乐界之幸，世界的第一个音乐"发烧友"是孔子。起点太高，当然有证。子曰："师挚之始，《关雎》之乱，洋洋乎盈耳哉！"茹毛饮血，缺衣少食，岂能阻挡中华士人精神生活了？当时，挚大师把手一挥，演奏开始，到《关雎》形成高潮，美妙乐章洋洋充盈耳畔。《国语·郑声》说"声一物听"，而此为合奏，多么高雅的鉴赏！黑格尔说，像某些动物，它们听见了音乐中的一切音调，但这些音调的一致性与和谐性，并没有透进它们的头脑。孔子当然不是如此。贤人七十，弟子三千，正是代表着草根的文化向往，陶冶民族精神。这一支文明能不奔腾五千年？

世界奥妙无穷，哲学与音乐何干？古典哲学本体论是思考宇宙万物秩序的。宇宙哲学是和谐，音乐岂不是象征着和谐？哲学是认识的抽象，音乐是感觉的抽象。哲学在头脑，音乐在心灵。哲学和音乐是人类反映客观世界的两大成果。几乎每一个大哲都有音乐爱好，柏拉图爱《永恒》，孔子爱《关雎》。《关雎》者，青年爱恋也。这是孔子热爱生活，热爱生命，热爱春天。文明和生命因此而在东方蓬勃着。

幸运了！哲学家卡尔·波普尔说，从我对音乐的兴趣中产生出至少有三种影响我终身的思想。而孔子的哲学和音乐之爱如黄河、长江，惠及子孙，迄今未止。

子曰："狂而不直，侗而不愿，悾悾而不信，吾不知之矣。"

孔子提醒：做人勿要狂而无信

孔子作为政治家和人生导师，不仅是教育门徒，也常常对统治者表里不一、内外相违恶习做批判，对社会不良现象和人性之殇提出批评。这不，老人家又发议论了。

子曰："狂而不直，侗而不愿，悾悾而信，吾不知之矣。"看不惯谁了？原来是那些狂妄而不直爽、无知而不敦厚、愚憨而不诚信的人。孔子感叹：我真不明白这种人了。《论语注疏》曰：此章孔子疾小人之性与常度反也。的确，社会上总有轻狂之徒，孔子列出三种。《论语讲要》云：这三种人都是违反常情者，难以教化，须自省。孔子是道德学家，他以仁的标准来看人：人应有礼，人当有德，人要谦逊，人须诚实，做仁人君子。这是孔子对社会的期盼。《论语正义》曰：此章示人当守忠信。虽生质未美，亦当存诚以进于善，不得作伪以自欺也。

那么问题来了，孔子说过："性相近也"，为何人与人却有这么大的差别呢？原来只怪"习相远"。《四书集注》苏氏曰：天之生物，气质不齐。其中材以下，有是德则有是病，有是病必有是德。故马之蹄啮者必善走，其不善者必驯。有是病而无是德，则天下之弃才也。其实，苏氏亦失之偏颇，气质是后天养成的，是来自后天教育，来自社会实践，而非天生之物。孔子将那些个性各异的门徒收过来，引导他们志于道，据于德，依于仁，游于艺，遵礼向仁。不仅是颜回这样的高足日有其进，就连子路那样的鲁莽之徒在临死前都知道护冠而亡。虽然孔子自谓对"狂而不直，侗而不愿，悾悾而信"之人说"吾不知也"，其实，孔子是早把教导的对象面向基层广大青少年。他说过的：自束脩以上，吾未尝无诲焉。只要有年岁有身高，他没有不教的。王弼曰：夫推诚训俗，则民俗自化；求其情伪，则俭心兹应。是以圣人务使民皆归厚，不以探幽为明；务使奸伪不兴，不以先觉为贤。那么，身为草民的孔子为何要为提升民德归厚操心？乃在他心理上精神上已然自觉承担起为政以德大任啊。

孔子提醒：做人勿要狂而无信！

子曰："学如不及，犹恐失之。"

人类还来得及吗

动物拥有生存享受的权力吗？人类却有！我们太知道享受了：美

食大快朵颐，美女大饱眼福，美妙之音悦耳，百花香气扑鼻。人的感觉器官中的哪一处未曾侍奉到呢？只因为我们有一个响亮的名字——人类！

但是，你不要得意太早。子曰："学如不及，犹恐失之。"你们确有亟待要学的东西：要学会爱护空气，要学会保护森林，要学会与动物共存，要学会可持续性，要科技，还要道德。当然，老天是看见了的，你们曾经学过了许多东西：你们学会了取火，学会了发电，学会了飞翔，学会了抗病毒，学会了互联网。你们足够好学，足够猛进，足够创新。但是，你们也足够自私，足够短视，足够野蛮，足够疯狂。宇宙仁慈，育彼生物。《周易》曰："天地之大德曰生。"正在于此。然而，三百年来人类砍伐了大半森林，污染了大半地表水，融化了三分之一的北极冰川，灭绝了数百万种生物，屠杀了千万头大象、犀牛、斑马、老虎、豺狼，等等。你们这样的生物智慧何在？理性何在？道德何在？地球生物，"犹恐失之"！

我们学还不行吗？改还来不及吗？

子曰："大哉，尧之为君也！巍巍乎，唯天为大，唯尧则之。荡荡乎，民无能名焉。巍巍乎，其有成功也。焕乎，其有文章！"

尧帝是儒家最推崇的贤德帝王

遂古之初，人与天伴。天是至高无上的。《周易》云：自天佑之，顺天应人。古人们将德行高尚的人物比作天。华夏民族崇拜英才而又英雄辈出，五千年前就出了英明帝王唐尧大帝，有道德有智慧有治功，流传千古，万载赞颂。

最先推崇尧的是孔子。子曰："大哉，尧之为君也！巍巍乎，唯天为大，唯尧则之。荡荡乎，民无能名焉。巍巍乎，其有成功也。焕乎，其有文章！"实在是赞颂之至，推崇之极！尧究竟有何德何能？原来尧是上古时期方国联盟首领，乃"五帝"之首，德高望重，功绩齐天，人民倾心。

尧之治功有五。其一，"协和万邦"，创建邦盟体制。在尧初执政时，国家只是非常松散的部落联合体，连基本的国家制度都还没有建立，不利于统一管理。《尚书·尧典》记载：尧帝"克明俊德，以亲九族。九族既睦，平章百姓。百姓昭明，协和万邦。黎民于变时雍"。尧以"俊德"召唤团结诸族邦，将氏族组织依次从"九族"而

"百姓"而"万邦"地扩展。"九族"是建立在氏族基础上而集聚成的同姓宗族组织;"百姓"则是以同姓宗族为核心团结异姓氏族而结合成的族邦;"万邦"则是以"百姓"族邦为核心结成的邦盟。这样尧终于一步步完成协和联合进程成为华夏早期文明阶段的邦盟主,为奠定华夏民族的基本盘做出了历史性贡献。其二,尧帝实行禅让制传禅而不传子,选贤任能。其三,推崇德治。尧帝是华夏文明开辟以德治邦先河的圣主。《尚书·尧典》说尧的人格魅力:"钦明文思安安,允恭克让,光被四表,格于上下。"孔子曾赞颂尧曰:"其仁如天,其知如神,就之如日,望之如云。富而不骄,贵而不豫。"尧被尊为道德楷模。其四,制定历法,敬授农时。其五,治理有方,百姓安乐。尧时代"天下大和,百姓无事",部落获得很大发展。尧与舜共同创造了尧舜文化。《大戴礼记·五帝德》以为尧舜达到"仁之至""义之至"的最高境界。而亚圣《孟子·告子下》曰:"人皆可以为尧舜。"正是儒家思想的体现。新中国诗人有诗云:春风杨柳万千条,六亿神州尽舜尧。伟大领袖以历史唯物主义观点赞美,期待广大人民都成为尧舜一样的圣人、英雄。英雄颂歌,盖出于此?

"焕乎其有文章。"中华进入新时代!

子曰："禹，吾无间然矣。菲饮食而致孝乎鬼神，恶衣服而致美乎黻冕，卑宫室而尽力乎沟洫。禹，吾无间然矣。"

一个古代华夏爱民英雄跃然纸上

为什么中华民族从古至今英雄辈出？那是因为在上古民族英杰早有为民造福、为民牺牲的担当精神。

其谁？有大禹！子曰："禹，吾无间然矣。菲饮食而致孝乎鬼神，恶衣服而致美乎黻冕，卑宫室而尽力乎沟洫。禹，吾无间然矣。"你看这个大禹，自己吃得很差，却把祭品办得很丰盛；自己穿衣很朴素，却把祭服做得很精美；自己住房很简陋，却致力为百姓修田地的沟渠。禹帝真的是无可挑剔了！《论语正义》曰：孔子推禹功德之盛美，言己不能复间其间。菲饮食而致孝乎鬼神，损其常服，以盛祭服。禹像尧舜一样，受到孔子的极力赞美。为什么？禹的确有为大公而忘私家的品德。自己吃的、穿的、住的都很简朴，而对于公事是祭品丰、祭服美和大力修渠。民间传说禹为治水"三过家门而不入"，爱护民众，感人至深。这样的古圣王几乎近于全心为民众了。《论语集解》曰：孔子推禹功德之盛美，薄于自奉，而所勤者民之事，所致饰者宗庙朝廷之礼，所谓有天下而不与也，夫何间然之有。难得！难得！难怪孔子以排比、对比句式列举禹的生活作风实例，赞颂他的高尚品行。圣人洞察，其至已乎？

　　大禹几千年来一直是中华民族的英雄形象。只因华夏大地，茫茫九派，水害是人民心头大患。自古以来，仅仅一条黄河，三年两溃口，洪水滔滔，吞噬多少生命？是故，为民除水害乃英雄，大禹是也。但根除水患只有中华人民共和国人民当家做主时代才有可能。党和政府十分重视江河治理。毛泽东接连发出"一定要把黄河的事情办好"和"一定要根治海河"的号召，要变水害为水利，取得一个又一个重大成果，让江湖河海造福中国人民。

　　大禹真华夏英雄也！

子罕篇第九

太宰问于子贡曰："夫子圣者欤？何其多能也？"子贡曰："固天纵之将圣，又多能也。"

子闻之，曰："太宰知我乎？吾少也贱，故多能鄙事。君子多乎哉？不多也。"

孔子出身为"五无"之贱民

人生下来赤条条就没有差别了吗？非也。孔子出生就不如贾宝玉：温柔富贵之乡，诗礼簪缨之地，先天优越，落地时又"哇"地从口中吐出一块"灵通宝玉"来，带宝下凡。而孔子是生在荒山野岭的山洞中，成长坎坷。小孔丘"生而圩顶"头上就少了一块颅骨，先天佝偻。悲哀！你可以想见孔母颜徵在怀孕时过的什么饥寒交迫缺衣少食的日子。贱极！贫极！苦极！这就是孔子降临人世的辛酸。

中华文化有一大品质是坦荡。孔子实事求是，不惧丢人现眼——"吾少也贱"，亲口自揭寒门根底。此篇又揭秘自家身世。这是第一次由孔子自己讲述。司马迁《史记》亦记述："孔子贫且贱"。这是第一次由权威史书记载孔子出身。谁敢歪曲？故孔子出身就贫贱二字。贫是一无所有；贱是在底层。"夫子圣者与"？否！把那扇神秘的门打开。"天纵之将圣"，非也！发愤学来的，光环也不要了。这种自信，岂不可叹？还原历史，吾以为：孔子在争得母与父合葬前，本是无姓（家庭不认）、无族（宗族不认）、无地、无房、无农具的"五无"贱民，四处卖工活命，哪一种低贱的活计他没干过？

什么东西伴孔子成长？子曰："多能鄙事。"这是真的。少年孔子是在苦难与劳作中成长前行的。三岁丧父，与母颠沛，流落异乡，从宋到鲁，安家阙里，与一群治丧者为邻；十七岁丧母，而从业殡葬，干些为死人沐浴、穿衣、束带、装殓、吹喇叭、挖坟坑、下葬的杂活，还为贵族季氏家放牧和繁殖牛羊，故"多能鄙事"。其实，过去中国农村的儿童多是放牛、喂猪、割草、拾柴、种地干活长大的，都是少年磨难。

那么，孔子的变革思想如何形成？哲人说，人的性格决定于发育阶段所处的环境，所经历的人和事。孔子少时历苦难饥寒，做童工与底层交往，鄙贱受歧视，难道不正是他反权贵、反动乱、反分裂、反剥削、反苛政；而要一统、要仁政、要安民，树立实现"一匡天下"、为政以德的宏大志向和欲建立大同社会目标的生活基础？这就是马克思主义的"存在决定意识"论。实则已是中华文化的自觉了。

孔子有证："知识是人的本质力量的公开展示"。

子曰："吾有知乎哉？无知也。有鄙夫问于我，空空如也。我叩其两端而竭焉。"

孔子认知事物的辩证方法——叩其两端

孔子是渊博的、谦卑的、平民化的。何以也？一言可视。子曰："吾有知乎哉？无知也。有鄙夫问于我，空空如也。我叩其两端而竭焉。"孔子说：我什么都懂吗？不是这样的。由此可见到孔子三大品质：不以自己为全知，跟乡村民众平等对话，还告诉人家方法论。这是真儒家，真精神。

孔子如此朴实直白。这个中华哲学有惊奇吗？似乎没有。亚里士多德认为埃及没有哲学。雅斯贝尔斯也将埃及排除在外，却没有排斥中国。但孔子这一自谦，差点断送了中华文化在宇宙的位置。幸亏有雅氏肯定了轴心时代，中国的天空与希腊交相辉映，群星灿烂，那是人类古代仅有的一点骄矜和本钱啊。

哲学果然是世界观和方法论吗？什么是人类上佳之方法？英国政治家、哲学家托马斯·霍布斯肯定几何学方法；法国人重视归纳法。

其实，这是孔子在跟下里巴人掏心窝。鄙夫问而孔子答。中国哲学就是如此接近底层地气生存，然后从地面上腾起。马克思说：德国哲学从天空降到地面。中西哲学各具风格。

"叩其两端而竭焉"——这就是中国古代哲学的方法论。

子疾病,子路使门人为臣。病间,曰:"久矣哉,由之行诈也!无臣而为有臣。吾谁欺?欺天乎!且予与其死于臣之手也,无宁死于二三子之手乎!且予纵不得大葬,予死于道路乎?"

孔子如何看待生死

生老病死,宇宙规律,人类宿命?君子为病所羁,如何?斯人有疾,英雄有恙,夫何人无疾?

圣人又如何?《论语·子罕》云:"子疾病。子路使门人为臣。"糟糕,孔子竟然也生病了!但他如你我等凡夫俗子畏死了吗?《礼记·檀弓》说:孔子死前曾吟曰:"泰山其颓乎?木其坏乎?哲人其萎乎?"不舍依依。天之木铎,事业未竟谁愿赴死?由此观之,孔子与村夫人性相同,连马克思也曾写信向亲爱的公民诉说:最近十年来,定期发作的神经痛妨碍了我。孔子何痛何疾?鲁迅以为这位古圣人有胃病,岂能不信?但我等大胆推测孔子必有腿疾,十三年游说之旅辛劳疲惫,还坐下来教书和整理典籍。中华古文化因得以续而存焉。孔子还有肝病吗？多年游说被困于匡厄于陈蔡受惊恐吓，于肝于胃岂有利好？

但孔子似懂阴阳。司马迁说，孔子晚年喜《易》。老子曰：万物负阴而抱阳，冲气以为和。物必有合，阴阳相照，动态平衡，通淤解塞。如何祛病延年？毛泽东同志有自己的健康秘诀：基本吃素，饭后散步，遇事不怒，劳逸适度。孔子倒是想得开："吾谁欺？欺天乎？且予与其死于臣之手也，无宁死于二三子之手乎"？

子欲居九夷。或曰："陋，如之何？"子曰："君子居之，何陋之有？"

中华士人的道德自信

世界上最强大的力量是什么？有人以为是神仙，有人以为是猛兽。否！世界上最强大的力量是人的道德、人的自信。

孔子思想的核心是仁，仁即道德。孔子是道德伦理学家，他相信道德力量是最根本最强大的力量。人是道德力量的寓体，人有了道德加智慧，将光芒四射，即使身处贫瘠之地也富甲天下。真的？子欲居九夷。或曰："陋，如之何？"子曰："君子居之，何陋之有？"《论语·子罕》记载孔子要到九夷那儿去住下。有人说：那里地穷人愚，怎么办？于是，孔子发出此一铿锵之声：君子居之，有什么穷陋的呢？你看孔子的道德志气，岂不直冲九霄？

何谓九夷？《东夷传》云："夷有九种，曰畎夷，于夷，方夷，黄夷，白夷，赤夷，玄夷，风夷，阳夷。"孙绰曰：九夷所以为陋者，以无礼义也。君子所居者化，则陋有泰也。总之，夷是相对中原的边远所在，文明进展、农耕开发皆滞后。为什么落后？《论语注疏》曰：此章论孔子疾中国无明君也。原来是贵族昏聩，邦无明君。可是，还有疑问：孔子来此文化荒野不毛之地何干？原来孔子以为：只要有君子去这些地方住，启蒙开智，传播礼制文化知识，行教化之道，那这些地方也不会再闭塞落后了。孔子心中地无贵贱，以为人皆可教，民风可化。孔子欲往承担此任。

《四书解义》曰：此一章书是见圣人之化无分中外也。当时，孔子因道不行，偶发欲居九夷之叹，亦犹乘桴浮海之意云耳。盖上下古今，东西南朔，此心此理莫不相同，圣人之化原无分于中外也。这一阐释很达于君子之心。《中庸》说：君子素其位而行，不愿乎其外。素富贵行乎富贵，素贫贱行乎贫贱，素夷狄行乎夷狄，素患难行乎患难，君子无入而不自得焉。君子无论在什么情况下，没有不安然自得的呀。君子任何时候任何地方，都不会忘记自己的责任与担当。钱穆大师也认为：《论语·子罕篇》里多有孔子晚年语，均是孔子不胜唏嘘之感，身不用，道不行，岁月如流，迟暮伤逝，盖伤道也。他老人家已然历十三年游说，身心俱疲。孔子若来九夷冷静反省思考再出发，从心理学角度完全必要。这一点宋儒是看到了。朱熹说：孔子"欲居九夷"是有"乘桴浮于海"之意。孔子信心满满可以在蛮夷之地推广道德仁义之气，行礼乐教化之习。

仁者自信，道德无疆！

子在川上，曰："逝者如斯夫！不舍昼夜。"

关于事物必然性的一个偶然

远古之时，昼夜映入人类眼帘的是日月升降，星宿横陈，河水奔流，森林静谧，鸟兽腾驰。人们一定很早便有了生物与非生物继而有动物与植物之类的识别。生死宏微，进退变异，具象之觉已获，抽象必然罕觉，可惜了。

但智者有察。"子在川上，曰：'逝者如斯夫。'"蓦然一惊，这不是万物皆在运动的物质观、运动观吗？实为古代认识论关于事物必然性的一个伟大直觉。自然河流，奔腾不息；时代过往，亦似流水。孔子竟然碰巧站在了唯物史观上，中华文化的这一认知的支点何在？彼时人类生产工具才刚刚沾上铁器。不可能！现今有人予以否定：只有西方月亮圆，唯古希腊才有唯物论。但孔子确有基本思想发现：世界不是既有事物恒久的集合体，而是过程的暂存。一切皆如流水，逝者如斯，不舍昼夜。西人赫拉克利特亦知之：人不能两次踏进同一条河流。中西泰哲何其相似乃尔，这不是人类哲思的辉煌吗？

有近儒马一浮先生云："此章于迁流中见不迁，于变异中见不变。"诚哉斯言。尼采说："我们只有站在现在的顶峰才能解释过去。"孔子那条河川海拔很高吗？李泽厚说，人在对象化的情感客体中体验存在。理性洞明若孔子者，察宇宙而对人生突发感慨：生命短促倏忽，而自己行仁无果，游说无功，百姓无安，急啊。

孔子思考之中心是"人"，自然界乃是人之背景。马克思说：人始终是主体。孔子对自然之察真乎？孔子俯瞰眼前，直面河流，头脑中闪现着历史朝代滚滚流程，自然与社会二者何其相似。逝者如斯，一切如水，运动变化，瞻之在前，忽焉在后。马克思说：生物在每一瞬间是它自身，却又是别的什么，不是它自身。

中华文化，你将世界看得太真切。

子曰："苗而不秀者有矣夫！秀而不实者有矣夫！"

孔子为何以庄稼作比喻

春华秋实是植物界普遍的现象，千百年来人们有目共睹。圣人却看到偶然性，并从自然界联想到社会其他事情。见人所未见，是认识的飞跃。

子曰："苗而不秀者有矣夫！秀而不实者有矣夫！"孔子是懂种庄稼的，孔子哲学是唯物的。这是孔子观察的农耕现象：有的农民很努力耕地播种，结果庄稼只长枝叶不开花，或者有的只开花不结果实。辛辛苦苦，却白忙一场。于此，老先生甚为农夫可惜，大发感慨。原来孔子对劳动人民很理解，很体贴，有感情。但是，这与他的教学何干？为什么要拿到课堂对门徒讲这个呢？原来先生之意不在此而在彼。他不是要后生学好技术种好庄稼，而是以此来比喻那些有耕种而无收获的事。河东侯氏曰："苗而不秀"喻质美而不学者也，"秀而不实"喻学而不至于道者也。用这个来比喻做学问：有的人看似忙忙碌碌，到岁末竟一无所获，空忙一年。

为什么农民白耕作了？孔安国曰：言万物有生而不育成者，喻人亦然。朱子亦曰：谷之始曰苗，吐花曰秀，成谷曰实。盖学而不至于成，有如此者，是以君子贵自勉也。孔子这样教育门生，大家一定印象深刻。

学而无成还有一种，就是年轻殒命。《论语注疏》以为：此章亦以颜回早卒，孔子痛惜之，为之作譬也。痛惜颜子早卒。颜渊是孔子最得意的门徒，惜乎三十一岁而夭亡。程石泉曰：后儒皆以此章为孔子叹颜回早死而发。"苗而不秀""秀而不实"，皆言植物不及开花结实，以之喻人之或为早夭，或为短命。"学而不至于成，有如此者"，于义亦通。人要好学，要防疾，要健身。颜回是孔子心中永远的痛啊。

子曰："法语之言，能无从乎？改之为贵。巽与之言，能无说乎？绎之为贵。说而不绎，从而不改，吾未如之何也已矣。"

儒者的自知之明和与人为善之道

人在世上生活一辈子，每天目之所见、耳之所闻复杂多变的社会万象，谁能夸口说自己一贯正确不犯错？又如何对待他人的批评意见、对错误者做批评？这里边其实包含了大学问。对此，孔子是思考过的。

子曰："法语之言，能无从乎？改之为贵。巽与之言，能无说乎？绎之为贵。说而不绎，从而不改，吾未如之何也已矣。"孔子对批评是什么态度？他说：符合规则的告诫之言，能不听从吗？据此改正了自己的缺点才是可贵的。恭维好听的话，能不让人高兴吗？分析一下听信才可贵。只知道高兴，不加以分析鉴别，只表面上接受，实际上不改正错误，我对这样的人实在没什么办法了。孔子有一个实事求是的前提：人非圣贤，孰能无过？过而能改，善莫大焉。倘若过而不改，是为过也。但总有"过而不改"的人，对此类人怎么办？劝谏他们方法有二：其一是"法语之言"，直截了当，单刀直入。以简明、刚直的语言严厉地告诉他，直指弊端，正义铿锵。效果如何呢？孔子心里清楚：人迫于压力，"能无从乎"？看起来表面接受但其实未心悦诚服，从而不改，言行不一。这类人对逆耳之忠言阳奉阴违不可取。其二是以"巽与之言"。钱穆大师说：谓人以恭顺许与之辞婉言相劝。忠言逆耳，可以恭逊委婉含蓄曲折表达，对方听得顺耳舒畅，分析可贵他却未有。《论语注疏》曰："人有过，我以恭逊谨敬与之言，人感我柔顺，不能不说也。"态度愉悦却行动不改。对这种是非不分、软硬不吃的人，有什么办法？孔子只有一声叹息："吾未如之何也已矣。"孔安国曰：人有过，以正道告之，口无不顺从之，能必自改之，乃为贵。君子不易啊！

由本章可见孔子志在修齐治平，对为政以德可谓尽思矣，对社会民众可谓尽心矣。《四书解义》曰：此一章书是孔子言听言者贵有受言之实也。凡人听言，必当虚己以受，求其实益。若一时喜悦而不能绎思其理，外貌顺从而不能自改其过，则虽正直规谏之论日陈于前，委曲开导之词日闻于耳，究不足以醒其昏惰，救其过失。凡听言纳谏，虚己以受，务求实用，勿事虚文，则讲学修德，治国平天下，均有裨益矣。

今日建设和谐社会，儒家的自知之明和与人为善并未过时。

乡党篇第十

君子不以绀緅饰。红紫不以为亵服。

当暑，袗絺绤，必表而出之。

缁衣，羔裘；素衣，麑裘；黄衣，狐裘。

亵裘长，短右袂。

必有寝衣，长一身有半。

狐貉之厚以居。

去丧，无所不佩。

非帷裳，必杀之。

羔裘玄冠不以吊。

吉月，必朝服而朝。

古代官场服饰何其讲究

动物多是色盲而人类识色彩，是故为五色所迷乃人类万年舛失之一。上层贵族欲要身体高贵与庶民不同，在穿戴上下了多少功夫？仅仅一个衣裳色彩就用足心思。孔子观察到：君子不以绀緅饰。红紫不以为亵服。当暑，袗絺绤，必表而出之。缁衣，羔裘；素衣，麑裘；黄衣，狐裘。亵裘长，短右袂。必有寝衣，长一身有半。狐貉之厚以居。去丧，无所不佩。非帷裳，必杀之。羔裘玄冠不以吊。吉月，必朝服而朝。

这是孔子吗？与司马迁在《史记》中记载的大为迥异，真孔子是"贫且贱"的。孔子自己说"吾少也贱"，当牧童放牛羊和丧葬业吹鼓手，就不能提升社会地位？孔子后来成为民间庠校老师，五十岁又在鲁国做了官。但是，从最终看，孔子保持住了节操本色，并没有变成阔人。但如此多讲究，是夫子欲引领时尚？非也！应当是孔子在五年做官时期不得不跟随风气而已。

孔子致力推进人的发展，要提升庶民地位，指导穿衣。《论语·乡党》云："君子不以绀緅饰。红紫不以为亵服。"天青铁灰红紫色各有用场。而墨黑亦为当代世界流行色。这令人向往无限、心存艳羡？当今欧美风潮好黑色，聪明的中国古人早有领会。两千年前，周代就流行黑色。周人喜栗，以白为吊丧。孔子也做了一次"时尚达人"：缁衣，羔裘；素衣，麑裘；黄衣，狐裘……这多么讲究。今日人们还当自己创新时尚，原来孔子是懂生活的。但黑色流行千载至今，人类为"模仿说"所误还是为"表现说"所殇？中国发达服饰文化当然曾经领先于西欧，霞裳云霓谁与匹配？又包括了颜色风潮，式样引领。可惜丝绸之邦时尚高手意不在此，而在作为"敲门砖"。

齐，必有明衣，布。

齐必变食，居必迁坐。

孔子为何如此尊重斋戒礼仪

人是复杂的高级动物，每个人在现实性上是社会关系的总和，能不千丝万缕？所以，孔子的个性也是复合的，有进步性，也有保守性。他能不如此吗？

且看事实。"齐，必有明衣，布。齐必变食，居必迁坐。"孔子多么重视细节。为何？宋代郑汝谐曰：此记斋戒之礼也。即是说，本章专门讲斋戒的礼仪。"齐"同斋，就是斋戒。依照周礼，人在祭祀之前，必先行斋戒沐浴，以诚心祭祀。不只是斋戒，孔子事面君主也必沐浴，以示己诚和尊重。曾经，七十一岁的孔子沐浴斋戒之后，朝见鲁哀公，说陈恒弑杀了自己的君主，请兴师讨伐。而孔子对礼倒是一以贯之的。"必有明衣，布。"明衣者，《论语义疏》曰："谓斋浴时所着之衣也。浴竟，身未燥，未堪着好衣，又不可露肉，故用布为衣，如衫而长身也，着之以待身燥。故《玉藻》云'君衣布，晞身'是也。"朱子曰："齐，必沐浴。浴竟，即着明衣，所以明洁其体也。"钱穆亦云："明者，犹明水明火，取其明洁义。""居必迁坐"，迁也是变迁。皇侃《论语义疏》说，天子、诸侯于祭祀之前，皆要到斋室里居住。这是为了让心清净下来，此乃居处变的真正目的。这是对祖先、对天地神灵的恭敬。钱穆又说，"古人斋戒必居外寝，外寝称正寝，斋与疾皆居之。内寝又称燕寝，乃常居之处"。可以看出古礼对居住的地方也分得很细致。程树德云："《唐律》'大祀散斋，不宿正寝者，一宿笞五十。'盖犹沿古制。"孔子是好古尊民风从民欲的。

在人类还无法完全认识与控制大自然以前，鬼神祭祀所体现的无疑是对自然的敬畏与崇拜。在人们心目中，人的命运牢牢地掌握在鬼神手中，在强大的自然力面前感到自己的渺小与无助。朝不保夕，灾难重重，对未知世界的恐惧并由此引发对未来世界的神秘感，促使人们到精神世界那幻想的偶像中去寻求心灵的寄托与慰藉。谁可奈何？

食不厌精，脍不厌细。

食饐而餲，鱼馁而肉败，不食。色恶，不食。臭恶，不食。失饪，不食。不时，不食。割不正，不食。不得其酱，不食。

肉虽多，不使胜食气。

唯酒无量，不及乱。

沽酒市脯不食。

不撤姜食，不多食。

孔子是向往美好生活的

春秋时代老百姓过的什么样的生活？孔子是有体验的：饭疏食，饮水，曲肱而枕之。吃粗粮，喝生水，弯着胳膊当枕头，乐在其中。孔子心甘情愿？不是，孔子师徒心中自有对美好生活的向往。食不厌精，脍不厌细。食饐而餲，鱼馁而肉败，不食。色恶，不食。臭恶，不食。失饪，不食。不时，不食。割不正，不食。不得其酱，不食。肉虽多，不使胜食气。唯酒无量，不及乱。沽酒市脯不食。不撤姜食，不多食。看看，好讲究吧？

这是孔子所言祭祀期间饮食。有二"不厌"、八"不食"等。这不能吃那不能吃，精细而严苛。孔子从前不是"食无求饱"甚至饥寒交迫吗？怎么忽然俨然一位美食家如此阔绰奢华？还是那个孔子吗？岂不自相矛盾？非也！《论语正义》曰：夫子疏食饮水，乐在其中。又以士耻恶食为不足与议。故于食脍皆不厌精细也。这就是真夫子。难道要庶民一辈子甘心苦难不能有半点翻身过上好日子的期盼？钱穆云：不因食脍之精细而特饱食。南宋张栻亦云：言不待精细者而后属厌也。盖圣人于饮食非有所择也。苟非如下所云不食之类，则食无精粗皆可以饱耳。能上能下，可奢可简，好个夫子。

这是孔子有人性真精神！谁能阻挡中华士人对美好生活的向往？

　　疾，君视之，东首，加朝服，拖绅。

孔子病中如何礼遇国君

人活在世上吃五谷，必有生老病死，有谁能逃脱？不行的。那些个长生不老、天保九如之说，也不过是愚昧的人们装神弄鬼而已，实乃神秘文化的一个组成部分。人类是伴随无知和神秘成长的。

中华文化太将自己置于阳光之下。炎黄、尧舜、孔孟哪一个沾边了一点神秘呢？《论语》说，有一天孔子身体有恙，"疾，君视之，东首，加朝服，拖绅。"不好，夫子生病了。幸运的是，国君来探视他。

孔子怎么做？要知道，老人家是最重礼仪的。他身着朝服躺在床上，"拖绅"，就是束着朝服的那个长长绅带打结垂下来。头一定要朝东。为什么？这就是君视臣、臣受视之礼。朱熹云：东首以受生气也。卧病不能着衣束带，又不可以亵服见君，故加朝服于身，又引大带垂于地也。你看，多么朴实，仅仅十一个字，描述得清楚明白。

朋友死，无所归，曰："于我殡。"

孔子的大义与担当

孔子究竟是什么出身？他交往最多的是些什么人？其实，孔子身世司马迁早有明确交代，是"贫且贱"，夫子则自评是"吾少也贱"，两者一致。这已经在二千五百年前就清清楚楚了。不过后来有人极力"神化"，又有人大力"丑化"，才使孔子身份神秘化和贵族化起来。

回归本真，《论语》记述。"朋友死，无所归，曰：'于我殡。'"孔子的一位朋友去世了。死人的事是经常发生的，再普通不过，似乎不值得说。是什么朋友呢？此文有很多信息：此人死了竟无人料理后事。那么，此人的社会地位就清楚了，应该是死无收尸之人，亦即死无葬身之地者。除却穷极，还有谁类？明显是一个挣扎在社会底层的最卑贱的穷苦人，悲惨到死去尸体无人埋葬。好不凄凉！但这时出现转折，孔子听说了此事，果断地站出来，说："我来负责殡葬之事。"孔子这一声"于我殡"，实在是人性淋漓！朱子曰：朋友以义合，死无所归，不得不殡。朋友有通财之义，故虽车马之重不拜；祭肉则拜者，敬其祖考，同于己亲也。郑汝谐曰：此记交朋友之义也。所言极是。夫子够朋友！

从这一件事上人们看出夫子与乡党朋友交往中的大义与担当。孔子提出的"为政以德"主张，不是一句空话，最根本的是想要落实到"安民安百姓"实事中去的。由此可见，孔子是言语和行动一致的仁人，他这样说，也这样做。钱穆曰：此见孔子于朋友，仁至而义尽，然亦非如后世任侠好行其德之比。孔子有一帮穷朋友，他愿意为穷友两肋插刀。《论语注疏》曰："言朋友若死，更无亲昵可归，与之为丧主也。"这位朋友应该是无有亲人的鳏寡孤独者，死了才没有人过问。人情冷暖，世态炎凉。可悲！可悲！关键时刻，唯孔子为贫穷亡友挺身而出葬之，表现出微行大义，高大人格。这就是孔氏境界，圣人情怀！

孔子对穷友有情有义。

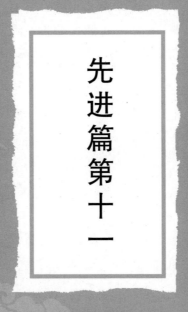

先进篇第十一

子曰："孝哉，闵子骞！人不间于其父母昆弟之言。"

"家和"是儒家的核心价值之一

中华道德文化起于炎黄尧舜源远流长，而孝文化乃为儒家弘扬光大。子曰："孝哉，闵子骞！人不间于其父母昆弟之言。"孔子肯定这个闵子骞有孝道，人们对父母兄弟称赞他的话没有非议。《论语注疏》曰：此章叹美闵子骞之孝行也。孔子一定是以此榜样示范教育门徒。《集解》陈群曰：言子骞上事父母，下顺兄弟，动静尽善，故人不得有非间之言。闵子骞孝长弟弟，德行很好，可是怎么能闭住社会上那些人的七嘴八舌说长道短呢？家庭是儒家的核心价值之一，孝利家和。孔子态度鲜明站出来扶正祛邪，有利于社会弘扬正气。

闵子骞何许人也？传说他少年丧母，父亲娶了继母。继母偏爱亲生二子而虐待闵子骞，子骞却并不告知父亲。冬天，继母用棉絮给自己的孩子做棉衣而给子骞的棉衣填的是芦花。一天闵子骞驾马车送父亲外出，因寒冷饥饿无法驭车致马车滑入路旁沟，被父亲鞭打斥责，衣服被打得露出了芦花。父亲这才醒悟，要休掉妻子。子骞长跪于父亲面前为继母求情："母在一子寒，母去三子单。"父亲便不再休妻，继母也痛改前非。故而孔子赞曰"孝哉！"钱穆也评价说：闵子处家庭困逆之境，能使父母昆弟皆言其孝，则闵子纯孝感格之效已见矣。这个闵子骞的确有智慧有德行有大局，不容易亦不简单!《亢仓子》曰：仲尼曰："道者，自然之妙用；孝者，人道之至德。夫善事父母，敬顺为本，意以承之，顺承颜色，无所不至，发一言，举一意，不敢忘父母；营一手，措一足，不敢忘父母。至诚之至，通乎神明，光于四海，有感必应。善事父母之所致也。"

后生有孝，先生有德。这是中华古文化的核心价值之一。一部《论语》以孝为要。康有为曰：人多有高行美才而父母昆弟之间不满者，盖骨肉至近，隐微易见故也。至父母昆弟称其孝，乡党友朋称其孝，内外皆同，无有间异，斯为至孝矣。闵子为德行之上才，孔子独称其孝。此为中华文化的善良、力量和人性之所在。

颜渊死，颜路请子之车以为之椁。子曰："才不才，亦各言其子也。鲤也死，有棺而无椁。吾不徒行以为之椁。以吾从大夫之后，不可徒行也。"

儒家已然有平等意识萌生

颜回死了，家里很穷。颜回的父亲颜路也是孔子的学生，就来与孔子商量如何安葬。古人办丧事，棺材外面还套一样东西叫"椁"。现代也还有，在棺的外面套一个"罩子"一类的壳体，是椁的古制。但那时颜家败落无钱买不起椁。颜路知晓孔子有一辆马车，就想要孔子变卖车子去买一具椁给颜回安丧。这个主意却被孔子拒绝了。不错，颜回的确是好学，的确是孔子最喜爱的门生。但是，孔子也自有他的充足理由：颜渊是你的儿子，可是我的儿子孔鲤死的时候，我同你一样穷，孔鲤安葬也是有棺而无椁的。而且，孔子说，自己年纪大不能徒步当车，从事政务要和大臣往来讨论国事，不能没有车子。这确实是真的。当年，孔子儿子死时，也是没有钱，丧事也办得很简单，有棺而无椁。孔子以为没有关系，因为他是反对厚葬的。更重要的是，孔子在处理爱子与爱徒之间关系时，遵循了一个新人文主张——平等。两人都没有也不用椁，将儿子与门徒视为平齐，待遇相同。这是最美丽的人性。

"五四运动"以后，竟有人攻击孔子摆臭排场。一部破车子，既不给儿子，又不给自己最爱的学生，是守财奴，是假爱。这当然是误解。其实，孔子的意思是说人应该行其本分，穷就是穷，没有必要攀比讲排场。故而颜渊死，颜路请"子之车以为之椁"，孔子拒之。孔鲤也无有椁呀。心爱门徒与亲儿子孔鲤一视同仁看待，如何不妥？

颜渊死，门人欲厚葬之。子曰："不可。"

门人厚葬之。子曰："回也视予犹父也，予不得视犹子也。非我也，夫二三子也。"

愚蠢是可以传递的吗

此章乃言孔子对死者的态度。

动物有无想象力？它们能想象什么？而人类能想象出：山有生命，水有脾性，天有大神，人有来生。想象在幽冥太虚，天神享受着仙桃，饮用着仙水，乘坐着麒麟，徜徉于蓝天白云之间。那是多么浪漫而惬意。文豪见了说：无忧无虑，这真是神仙乐啊！岂一个羡字了得？

中华文化的想象力是张扬而独特的。夸父追日，嫦娥奔月；千里眼，顺风耳。而诗人的想象是"可上九天揽月，可下五洋捉鳖"！现在这些几乎都由人类亲手做到，往日的想象不过是来日的现实罢了。但中国富人的想象力实在是可怜一点，他们是直线思维：老爷我今生荣华富贵，死后也要锦衣玉食。于是，他们一当上皇帝就开始使民挖大坑造坟。王侯们也仿效着这种"尸体的豪奢"。生前有什么，死后葬什么：十匹马拉的车，成匹的丝织品，千斤重的大鼎，配套的酒器。三千年前的夏商周冶炼业那么原始落后，他们拿几百件青铜器随葬，曾侯乙还有整套的乐舞编钟，秦始皇更有阵容庞大的兵马俑群。

而孔子思维的先进性却是反潮流，反对感情用事。颜渊是他最爱的学生，"颜渊死，门人欲厚葬之，子曰不可。"这就是对待死亡的立场，对待灵魂的态度。孔子曾经"不语怪、力、乱、神"，那是轻蔑而不屑不信。而今又反对厚葬。子曰："始作俑者，其无后乎？"这话太勇敢，超越时代。贵族们早先是人殉，把美女、奴隶活活杀死陪他下葬，一个个鲜活的男女没有了。孔子痛心疾首，坚决反对！后来改为木俑人、泥俑人下葬，已经是极大的变革，十分退让。但是孔子仍是反对用木俑下葬。

这正是中华文化的道德人性，仁心。伊陟曰："臣闻妖不能德。"诸葛亮说："俭以养德。"他们都是孔子的知音传人？在那个祭神用"牺牲"的时代，这位民间政治家清醒地举着"君子固穷"，选择着"与其奢也宁俭"，孔子既知民之所畏者："战、疾、奢"，亦知民之所欲者："安、俭、足"。这哪是代表奴隶主贵族利益？

你看今日有人生前风光无限，死前仿效古人，圈定风水宝地，构筑大坟待葬。恰如死鬼装神，愚蠢是可以传递的吗？

季氏富于周公，而求也为之聚敛而附益之。子曰："非吾徒也。小子鸣鼓而攻之，可也。"

劫贫济富非孔子之徒所为也

孔子持中庸之德，性情平和，很少具有攻击性。但是，有一天非常生气动怒，闹到要断绝师徒关系情谊。

事出有因。季氏富于周公，而求也为之聚敛而附益之。子曰："非吾徒也。小子鸣鼓而攻之，可也。"据《左传》记载，鲁国的三桓曾于公元前562年将公室即鲁国国君直辖的土地和附属于土地上的奴隶瓜分，季氏分得三分之一。季氏又推行新的田赋制度以增加赋税，很快富了起来。孔子门徒冉求当时正担任季氏的家臣，帮助季氏积敛钱财搜刮民众。门徒怎么会干起这样恶劣的事？这不是助纣为虐吗？这是与孔子的政治理念、道德伦理绝对不容的。所以，孔子很生气，表示不承认冉求是自己的门生，而且，让其他门徒打着鼓去声讨冉求。

冉求是什么人?《史记·仲尼弟子列传》说，冉求字子有，少孔子二十九岁。在孔子三千弟子中，冉求是高足之一，位列"孔门十哲"。《论语·先进篇》曰："德行：颜渊，闵子骞，冉伯牛，仲弓。

言语：宰我，子贡。政事：冉有，季路。文学：子游，子夏。"冉求果然出类拔萃。孔子一定在他身上花了不少心血，同时寄予了极大期待。冉求善理财，为季氏重用。虽然，增赋税决策权不在冉有手上，但他应该是参与策划的。孔门之徒做季氏的家臣，非但不去劝谏季氏减少人民赋税，反而替他搜括民财，使季氏更富有。冉求这小子竟然干出如此为虎作伥的事，夫子怎能不大失所望？是故老先生真的生气了，要门徒一起声讨。朱熹曰："使门人声其罪以责之也。圣人之恶党恶而害民也如此。"钱穆说："攻冉求，实以攻季氏。"孔子生冉有的气，实际上是剑指季氏，剑指整个贵族统治阶级。《论语注疏》曰：此章夫子责冉求重赋税也。孔子之时，季氏专执鲁政，尽征其民。其君蚕食深宫，赋税皆非己有，故季氏富于周公也。时冉求为季氏家宰，又为之急赋税，聚敛财物而陪附助益季氏也。故夫子责之，使其门人鸣鼓以声其罪而攻责之。因为，孔子的治国理念是"为政以德"，追求均贫富，要"安民""富民"。冉求反师道而行之！所以，此事说明孔子关注社会政治大主题，代表乡党利益。《四书解义》以为：此一章书是孔子正党恶之罪，以警权臣也。

子张问善人之道。子曰："不践迹，亦不入于室。"

孔子要闯出一条新路来

人类追求幸福的动能来自成员集体，社会势能一旦形成不可阻遏。智者指引人们要思维出新，目光望远，只是千万庶民确有茫然。中华有幸，孔门学校师徒走在了时代潮流前列，将要扫荡思识旧障迷雾。人类的思想门槛不就是这样一次次跨越向前的吗？

门徒有疑。子张问善人之道。子曰："不践迹，亦不入于室。"大哉！中华文化知新、求新向前看，立场在此！温故传承而不落窠臼！这两个"不"为儒家洗刷清白，将一个孔子因循守旧落后保守的帽子甩到了太平洋！"不践迹"，多么伟大的首创精神！孔子如何习得的？这不是中国文化要人们第一个去吃螃蟹吗？不必踏着古人的脚步，也不要囿于前人的思想框框，思想解放的方法论光芒仅此寥寥数字已放射四方。自此，上古华夏列祖先宗不屈不挠探索求真的精神要大爆发了？但是谈何容易！缔造中华文化的炎黄尧舜列祖先贤，率领那一支东方族群，茹毛饮血，踽踽独行，夜以继日，在跋涉，在开辟，在攀登。筚路蓝缕，从未止息。华夏是日新的民族，"人唯求旧，器唯求新。"汤武革命是也。而汤之《盘铭》曰："苟日新，日日新，又日新。"难道不也分明是内心不息追求的自励吗？知道这一支文明五千年传承不断之因由了吧？

孔子所虑者何？时至春秋，一统大坏，四方混战，中华未来路向何方？孔子欲要杀出一条新路血路。勇涉深水，甘受委屈，愿做牺牲？孔子是独立人格的典范吗？"众好之必察焉，众恶之必察焉，"不跟风，不摇摆，不踏别人的脚印走，也不投靠大家豪门。中华文化的伟岸、贵知、独立、多思，尽在孔子之门。

子畏于匡，颜渊后。子曰："吾以汝为死矣。"曰："子在，回何敢死？"

孔子历大难不死乃中华文化之大幸

中国老百姓有句话"平安是福"。只因人在世上会有天灾人祸，险象环生。天有不测风云，就算是古代大成至圣先师又如何？还不是"人有旦夕祸福"。说来就来了。子畏于匡，颜渊后。子曰："吾以汝为死矣。"曰："子在，回何敢死？"

怎么回事？这是孔子政治游说路上的一次遇险记。此次历险一定惊心动魄，烙印深刻，于《论语》中记述过两回。另一处在《子罕》

篇中:"子畏于匡,曰:'文王既没,文不在兹乎?'"所以,孔子的历险之路是为正义,充满故事,信息量很大。上回说的是孔子在被围困于匡面临生死之际,想到周文王逝世后中华文化命运的事,艰难时刻不忘国家充满必胜信念。这一回则是记述孔子师徒之情。《论语注疏》曰:此章言仁者必有勇也。在大难面前凸显士人之勇,何谓也?你看颜回这位孔子门徒文弱书生,在乱兵乱众冲上来时,没有捷足先逃,而是让老师孔子先走,他断后,把安全给先生,将危险留给自己。这是大勇!大德!大仁!《论语正义》曰:及后,颜子来见,夫子喜出望外,故直道心之所疑,初不料颜子之未死也。书传言:"夫子弦歌不辍,曲三终,而匡人解甲。"忠信笃敬,蛮貊可行,此岂阳虎之所能为者?盖不待夫子自辩,而圣德光著,匡人已知绝非阳虎矣。夫子之不轻于一死,颜子盖真知之。

匡人为何敌视孔子?因为,孔子长得像鲁国乱臣阳虎。阳虎之前曾经带着人在匡地施暴,结下了怨仇,匡人将孔子误为阳虎而包围。《庄子》言:"宋人围孔子数匝,而弦歌不辍……无几何,将甲者进,辞曰:'以为阳虎也,故围之。今非也,请辞而退。'"其实,是一次误会,一场虚惊。

孔子师徒患难见情深。生死检验,师生情谊,果然比山高,比海深。《论语正义》曰:"颜子,必不轻身赴斗如子路之愠怒奋戟。"钱穆曰:"孔子尚在,明道传道之责任大,不敢轻死,一也;弟子事师如事父,父母在,子不敢轻死,二也;颜子虽失在后,然明知孔子之不轻死,故已亦不敢轻身赴斗,三也。"

孔子师徒大难不死,令人欣慰。《论语集说》曰:匡人之难,夫子与颜子相失。颜子在后，及至，夫子曰"吾以汝为死矣"！此惊喜之辞也。子畏于匡，有惊无险，化险为夷。人们终于长长松了一口气。这是中华文化之大幸，是中华民族之大福，是中华文明之不绝！

季子然问："仲由、冉求可谓大臣欤？"子曰："吾以子为异之问，曾由与求之问。所谓大臣者，以道事君，不可则止。今由与求也，可谓具臣矣。"

曰："然则从之者欤？"子曰："弑父与君，亦不从也。"

中华文化之道德境界

人类来到世间只带着一张嘴，却敢有三个祈求：一要生存，二要享受，三要发展。还好孔子门徒要求较低：疏食、饮水，而却要向政权进军。他们行吗？岂能无疑？故而季子然问："仲由、冉求可谓大臣欤？"对穷小子显然信心不足。但孔子此前已嘱之以锦囊妙策："以道事君，不可则止。"站位奇高。

《论语注疏》曰：此章明为臣事君之道。但这也是退路，生存好策略。当然还得有道德约束："弑父与君，亦不可从也。"这是做人的准则，为官的底线。《论语集说》曰："所谓大臣者，以道事君，不可则止"，言不枉道以徇人，至其不合，则有去而已。冉求为季氏之臣，坐观其失，进不能正，退不能去。因为，其时周鉴于夏商二代，礼文化郁郁昌隆。所以，为臣之义，必须遵礼，当有进退。《韩诗外传》曰：大夫有诤臣三人，虽无道不失其家。季氏为无道，僭天子，舞八佾，旅泰山，以《雍》彻。孔子曰："是可忍也，孰不可忍也！"然不亡者，以冉有、季路为宰臣也。故曰：有谔谔诤臣者，其国昌；有默默谀臣者，其国亡。冉有、季路皆是不道不为之臣耶？朱熹曰：二子虽不足于大臣之道，然君臣之义则闻之熟矣，弑逆大故必不从之。盖深许二子以死难不可夺之节，而又以阴折季氏不臣之心也。但是，孔子主张"焉用杀"。用什么？齐之以德，化民为俗。门徒的荒谬立场选择，孔子岂能不必批之、必否之？

孔子批评冉求、仲由"有未及"。何也？孔子根本上是求"道"的。"一匡天下"之志，"克己安民"之德，"温故知新"之行。居天下之广居，立天下之正位，行天下之大道，通古今之变，成一家之言；为天地立心，为生民立命，为往圣继绝学，开万世之太平。难啊！太高了！不知冉求之流是背离还是畏缩？但这是士人胸怀，是司马的担当，是张载的使命。中国文化道德境界不过如此。

子路、曾皙、冉有、公西华侍坐。

子曰:"以吾一日长乎尔,毋吾以也。居则曰:'不吾知也!'如或知尔,则何以哉?"

子路率尔而对曰:"千乘之国,摄乎大国之间,加之以师旅,因之以饥馑;由也为之,比及三年,可使有勇,且知方也。"

夫子哂之。

"求!尔何如?"

对曰:"方六七十,如五六十,求也为之,比及三年,可使足民。如其礼乐,以俟君子。"

"赤!尔何如?"

对曰:"非曰能之,愿学焉。宗庙之事,如会同,端章甫,愿为小相焉。"

"点!尔何如?"

鼓瑟希,铿尔,舍瑟而作。对曰:"异乎三子者之撰。"

子曰:"何伤乎?亦各言其志也。"

曰:"莫春者,春服既成,冠者五六人,童子六七人,浴乎沂,风乎舞雩,咏而归。"

夫子喟然叹曰:"吾与点也!"

三子者出,曾皙后。曾皙曰:"夫三子者之言何如?"

子曰:"亦各言其志也已矣。"

曰:"夫子何哂由也?"

曰："为国以礼，其言不让，是故哂之。"

"唯求则非邦也欤？"

"安见方六七十如五六十而非邦也者？"

"唯赤则非邦也欤？"

"宗庙会同，非诸侯而何？赤也为之小，孰能为之大？"

王道主导下的绚丽天空

人类来到世间，怀着一颗感恩的心：感谢苍天，让阳光普照；感谢大地，使生民万有。而社会的欺骗、流血、战争、霸道，那是人类本身的欲望和舛乱，与自然何来半点牵扯？且忘了罢！

那么，人世的天空是可以干预和酿造的吗？发酵大师在哪里？子路、曾哲、公西华侍坐。子曰："如或知尔，则何以哉？"子路率尔而对，冉求、曾点、子华也一个个宏论滔滔抒发人生理想志向。好小子啊！孔子偷着乐。

孔门学校最成功的，不是读书，而是有思想！奇怪了？门徒为何一个个敢敞开心扉说真话？这是教师人品的试金石，是孔子特别爱听不同意见、新见解和独立看法使然。有两种饱学之士，一曰：孔子搞等级制，师道尊严，保守落后。你能和此类君子理论吗？一曰：孔子误导学子，游山逛水，成什么体统学态？与此君倒可以商榷：人本来是好玩的动物嘛。孔子教学之余，顺乎人性，浴乎沂，风乎舞雩，不是"咏而归"了吗？现代人压力大，古代人就没有心理压力？颜回连饭都吃不饱呢！张而有弛，孔子师生适其时也。罗素在《闲暇颂》中说：对于文明的发展来说，闲暇是重要的。为何孔子师徒意气风发？难道不正是亲近自然张弛有度？孔门是个好团队。马克思说：只有在集体中，个人才能获得全面发展其才能的手段，即是说，只有在集体中才可能有个人自由。孔子如何知悉的呢？

人与人如何相处，人类学习了七千年还不及格。孔子在阙里营造了小气候，中国古代社会大气候的艳阳天在哪里？尧舜、禹汤、文武、周公，曾有王道主导下的绚丽天空？不必汉唐盛世，甚而连宋明都惊煞了马可·波罗。

"莫春者，春服既成……浴乎沂"。这难道不是孔子师徒的精神自由行？公子成曰：臣闻中国者，盖聪明睿智之所居也，贤圣之所教也，仁义之所施也。马克思说：以前的历史发展，使人类全部力量的全面发展成为目的本身，而在这里，人不是在某一种规定性上再生产自己，而是生产出他的全面性。中华文化不是这样生活着前进的吗？

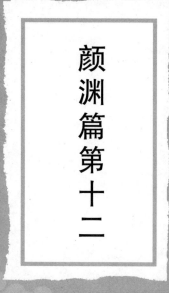

颜渊篇第十二

司马牛忧曰："人皆有兄弟，我独亡。"子夏曰："商闻之矣：死生有命，富贵在天。君子敬而无失，与人恭而有礼。四海之内皆兄弟也。君子何患乎无兄弟也？"

儒家信学不信命

人类生活在谜一般的寰宇中，一直挣扎着要猜透这个谜。正好，马克思说：从来的哲学都是为了解释世界。可是，最聪明的那拨人——哲学家至今解释了多少呢？苏格拉底号召"认识你自己"。大家每人负着自我一条命，可是数千年来有谁将自己这"命"弄明白了？

中华文化古来重"命"。子夏曰："商闻之矣：死生有命，富贵在天。"《论语义疏》曰：司马牛忧，至弟也。为其兄桓魋有罪，故己恒忧也。这是安慰司马牛。《论语注疏》曰：人死生短长，各有所禀之命；财富位贵，则在天之所予。是命乎？此章是子夏提出的一个生死富贵重大命题，对社会影响极大。

人类面临的最早挑战在此。生死的意识大约先于文明开埠的到来。卡希尔认为：原始意识或许是我们在人类文化中可以看到的最大反抗记录——反对那一切一去不返的巨大黑暗和寂寥。死亡这个词在金字塔经文中从未出现过，相反，我们一遍又一遍听到的是那种不屈不挠的信念——死人活着。孔子反抗命运了吗？"未能事人，焉能事鬼？"这是反抗鬼神？"未知生，焉知死。"这是反抗生死？孔子一定深入思考过人生归宿的。子曰：人有三死，非命亡焉。嗜欲无厌，而求不止者，刑共杀之。他是想彻了人之命吗？苏格拉底也是透彻死亡了的，被法官以多数票判决死刑。

这就是"死生有命"？但是，原始意识最直接的对生命进行歌颂肯定，是在神明庇护之下。而肯定人的第一个人文思想家当为孔子。他说"文武之道，未坠于地，在人。"面对那么多神秘世界不可知的东西，孔子满怀信心、斩钉截铁地把信任交给了人。其实，孔子信学不信命。在人！在学！振聋发聩！这是人神较量中的认知飞跃，是人己文化的原初觉醒，是人性意识的极大张扬。

子贡问政。子曰："足食，足兵，民信之矣。"

子贡曰："必不得已而去，于斯三者何先？"曰："去兵。"

子贡曰："必不得已而去，于斯二者何先？"曰："去食。自古皆有死，民无信不立。"

"独尊儒术"是历史性、先进性和生产力的选择

人类的前行是需要向导引领的。向导责任大。谁为国家向导？柏拉图以为哲学家可也。他主张由最智慧的哲学家来统治国家。这样的哲学王和理想国才是天生的般配。但谁听了？

而中国古代庶民也关心政治。子贡问政，子曰："足食，足兵，民信之矣。"脱口而出，孔子似乎对这一命题思考良久了。治国要务第一点，孔子以为"足食"；马克思说人只有先解决吃穿住生存然后才能论及其他。"足食"，朴素的真理。老百姓要吃饭，这就是政治；这就是儒家"以人为本"。社会治理的首要一条，就是让老百姓有饭吃——"民以食为天"！哪个朝代做到了？几稀！

其次，民众要安居乐业，最怕兵荒马乱。古代除了内乱，还有外夷侵扰。因此，第二是"足兵"，要有一支强大的军队才能保护人民生命财产安全。这更是现代国家安全意识。孔子的认知多么具有前瞻

性！人民是政权的根基，军队是人民的守护神。这就够了？没有，你还要守信。这是取信于民的关键，是国家的声誉，政权的方向。

孔子提出的三大政治方针，黄钟大吕，实在是高。但是，孔子的政治宏图生前无法实施，之后反遭秦始皇焚书坑儒。然而，优秀思想文化总会发光的。汉代夺取政权后，曾对统治思想进行过实践和论争，终于选择了奄奄一息的儒学。这是一次关乎中华大方向的选择！是一次正确的选择！是一次历史性、先进性和生产力发展的选择！从此，中华确立了文化方向，确立了主流意识，大步向前。

子张问崇德辨惑。子曰："主忠信，徙义，崇德也。爱之欲其生，恶之欲其死。既欲其生，又欲其死，是惑也。'诚不以富，亦只以异'。"

孔子以为忠信是人的根本道德力量

孔子作为老师，确有神奇之处。何也？吾以为，最神秘的是孔子如何将一帮以出身低贱的门徒，一个个调教得生气勃勃、意气风发、昂扬向上的？

原因在于孔子的教育思想有先进性。子张问崇德辨惑。子曰："主忠信，徙义，崇德也。爱之欲其生，恶之欲其死。既欲其生，又欲其死，是惑也。'诚不以富，亦只以异'。"怎样提高道德水平？怎样辨别是非迷惑？这一位孔子门徒子张问得多深奥！孔子答：以忠信为主，使自己的思想合于义，这就是提高道德修养水平了。爱一个人就希望他活下去，厌恶起来就恨不得他立刻死去。既要他活，又要他死，这就是迷惑。宋代郑汝谐曰：子张之问，既欲崇正理，又欲去妄见，其问亦切矣。子张的确问到了处世根本问题，才引出孔子对如何做人的精彩回答。如何崇德？孔子一言以蔽之：主忠信。此乃为人行事之本。见义则改变念头而从之，这就能增德。喜爱人就想让他生，厌恶人就想让他死。既想让他生又想让他死，这就是惑。宋代张栻曰：崇德辨惑，修身切要之务也。以忠信为主，而见义则徙焉，则本立而日新，德之所以崇也。

忠信是儒家的基本理念范畴，是孔门学校的基本课程。子以四教：文、行、忠、信。"忠信有利于己，于人，于君，于事，于道，于天，皆合。《四书解义》曰：此一章书是言治心之学贵于诚与明也。德之欲崇，必须先立其本；于义之所在，又须随时迁徙，使合乎宜，则内外兼资，表里交养，而德有不崇者乎？君子修德必本于存诚，而去蔽莫先于穷理。诚立则德日隆，理明则知自至。所谓惑也。"是故，《论语注疏》以为：此章言人当有常德也。所言不虚。

　　齐景公问政于孔子。孔子对曰："君君，臣臣，父父，子子。"公曰："善哉！信如君不君，臣不臣，父不父，子不子，虽有粟，吾得而食诸？"

孔子有平等意识吗

　　古代儒家思想创始人孔子一生追求平等，特别在教育思想上，有教无类、因材施教，教学相长，都体现着平等思想的光芒。

　　而却有人以为孔子鼓吹等级制。齐景公问政于孔子。孔子对曰："君君，臣臣，父父，子子。"公曰："善哉！信如君不君，臣不臣，父不父，子不子，虽有粟，吾得而食诸？"《论语注疏》曰：此章明治国之政也。政者，正也。若君不失君道，乃至子不失子道，尊卑有序，上下不失，而后国家正也。这一篇分量很重，对中国社会影响极大。乍一看，君君、臣臣、父父、子子，这不是等级制是什么？其实，这种理解过于简单化、标签化了。孔子是针对当时春秋社会现实，也是针对齐国现状，在回答齐景公问政而言的。齐景公为何问政于孔子？南宋戴溪曰：齐自庄公之乱，又陈氏久专国政，无君臣之分久矣。景公之时，君臣父子之道皆失，故圣人之对及此。由此可见，相对夏朝、商朝和西周的统一王朝局面，春秋为华夏历史上的大乱之世，诸侯立国，纷纷割据。据《吕氏春秋·世观》篇说：周初封国四百余，服国八百余，计一千二三百个。这如何得了？诸侯国开战，争民争地，庶民苦极。孔子正是看到如此混乱，才呼吁一匡天下、天下归仁的；呼吁为政以德，安民济民的。此时维护王权，维护秩序，是按照实际情况做出的判断，出于以民为本目的。南宋张栻曰：为政以叙彝伦为要。君君、臣臣、父父、子子，此彝伦所为叙也。虽尧舜之治亦不越乎此，贵于尽其道而已。此言甚是。孔子之作《春秋》，微言大义。《史记》曰：夫《春秋》上明三王之道，下辨人事之纪，别嫌疑，明是非，定犹豫，善善恶恶，先贤贱不肖，存亡国、继绝世，补敝起废，王道之大者也。拨乱世反之正，莫过于《春秋》。

故此，谓孔子鼓吹等级制者、曲解孔子者，皆未认知孔子思想本质也。孔子根本上是对乡党、对门徒平等相视、以礼相待的。孔子所兴办的乡村学校，洋溢着民主、平等气氛。对门徒从有教无类的教育思想，到因材施教的教育过程，到启发式教育方法，到师生关系打成一片做派，可谓平等意识在孔子学校无时不在，无处不见。孔子与乡党、与门徒是人格平等。

无可置疑，中华古代儒家是有平等精神追求的！

子曰："博学于文，约之以礼，亦可以弗畔矣夫！"

仁者如何在博、约之间行之弗畔

孔子一生是好学的。他的口号是"学而时习之"；他的精神是"发愤忘食，乐以忘忧"。他率领着一群衣衫褴褛的穷小子门徒，饭疏食饮水，要改变世界向着理想社会生活目标前进。

孔子只有学吗？非也。孔子主张中庸之道，求学、做人，皆有边界，讲平衡。子曰："博学于文，约之以礼，亦可以弗畔矣夫！"《论语注疏》曰：此章言君子若博学于先王之遗文，复用礼以自检约，则不违道也。孔子的意思是：君子博学于诗书等典籍，又能用礼来检束自己，也就可以不背离圣贤大道了。春秋时代书籍为珍稀罕物，为王室独断专享，庶民很多都是文盲，就算是在战乱中捡到一本竹简大书，也只能望文兴叹。这个孔子却要求门徒不仅要学，而且还要博。须知孔子是在十五岁之时就立下大志"志于学"了的。《礼记·曲礼》云："道德仁义，非礼不成"，学礼则道德仁义成，学礼则通世故人情，然后一切学问行之能合中道。同时，礼也蕴含着"行"之义，不仅要"文"，亦要行、亦要实践，所以钱穆说："躬行实践，凡修身、齐家、从政、求学，一切实务皆是。"这就是孔子的学习精神，就是真孔子。

如何博学于文？如何约之以礼？这是一篇大文章。博学于文，文指先代的诗书礼乐典籍，以及国家一切典章制度等。不学，则失圣人之教导，所以要学；学要博，但勿要学偏，学须是圣贤典籍。钱穆曰：博学始能会通，然后知其真义。约之以礼，约是约束、检束。博学的同时，要用礼来自我检视省察、自我约束克制，使心收敛、专一而精进。《论语义疏》云："约，束也。用礼自约束。"其实，越是博学越觉知识海洋浩瀚无边，愈加谦逊谨慎克己有礼。这是因为人的眼界视野越来越宽阔，人的精神境界层次越来越高，对道德的追求越来越自觉。吾师张岱年曾云：务民之义，在于自觉。精髓在此。《此木轩四书说》："约之以礼，谓视听言动皆收束入规矩准绳，一于礼则约矣。"人在博、约中前行，这就是人类向前的步伐吧。

季康子患盗，问于孔子。孔子对曰："苟子之不欲，虽赏之不窃。"

个人追求幸福欲望必受双重矫正

贪欲乃人性的弱点。贪欲之病有治吗？季康子患盗，问于孔子。

孔子对曰："苟子之不欲，虽赏之不窃。"多么高明，一眼洞穿，一语中的！孔子不只是官家的智库，也是社会的良师。独具慧眼，看到贪欲这个妖孽的根源在高贵的统治者身上。别看达官贵人气宇轩昂，其实一肚子都是诡计。但孔子有中庸，让季康碰钉子，并没有革了他的命。欲望人人有，能满足吗？马斯洛的需求论只有层次没有终点。

如何治疗？人欲是当控和可控的吗？孔子以为然。正如恩格斯所说：个人追求幸福的欲望受到双重矫正，第一受到我们的行为的自然后果矫正，酒醒之后必定头痛；放荡成习，必生疾病。第二受到我们行为的社会后果的矫正。所以，对欲望是刺激还是抑制，一直是中国古代文人喋喋不休争执的一个"黑洞"。孔子以为统治者自己将这只猛兽放纵，那么老百姓的欲望就难说洪水滔滔。恩格斯也以为：当一个人专为自己打算的时候，他追求幸福的欲望只有在非常罕见的情况下才能得到满足。难怪宋明理学要打造笼子将欲望关起消灭。"子之不欲，虽赏之不窃！"你看，古人多么明白？

现实中，谁来矫正你我？

子贡问友。子曰："忠告而善道之，不可则止，毋自辱焉。"

与朋友交往须有边界

人类既然是类存在物，谁能不生活于群体之中？谁的耳朵时刻不聒噪着长老、智者、愚人、懦夫的喊喳与忠告？九斤老太都心生怨艾说：我已经七十九岁活够了。不老嘛。

人性的一大弱点即在自以为是、好为人师。而智者对此相当清醒。子贡问友，子曰："忠告而善待之，不可则止。毋自辱也。"现在的大学德育讲求针对性、实效性，难道这二性不在孔门？夫子的话多么理性：人家问，你忠心地劝告他引导他；若他不听从就罢，不要自找麻烦。而且，忠告的话不可说满。啰啰唆唆数萝卜下窖最要不得。这里头有心理的学问，哪一个人乐意你在他面前说三道四显摆高明？所以要适度，适可而止，不可则止，否则自取其辱。中华文化讲仁义，这很普世，很柔软。

对朋友忠告而善道，确为中庸方法之一大妙用！

曾子曰："君子以文会友，以友辅仁。"

中华文化的四海情怀

一人为"个"，二者为"仁"。这里头的中华文化立场并不深奥，作为"类"生物，人类怎么可以缺少社会性存在？"在其现实性上，人是一切社会关系的总和"。而仁是黏合剂，哪位枭雄豪杰逃得了"群"、脱得了"类"呢？

儒家是把交友作为生活要素的。原则、方式也思考好了。曾子曰："君子以文会友，以友辅仁。"豁达！这是中华文化的四海情怀，要与天下文人交友。《中庸》云："获乎上有道，不信乎朋友，不获乎上矣；信乎朋友有道：不顺乎亲，不信乎朋友矣；顺乎亲有道：反诸身不诚，不顺乎亲矣；诚身有道：不明乎善，不诚乎身矣。"士人相交有文又有仁，道德提升，哪里来如此的逻辑周密？朱熹《四书集注》说："讲学以会友，则道益明；取善以辅仁，则德日进。"通过讨论学问结交朋友，道就会更加明朗。以结交朋友来辅助仁德，德行就会日益增进。康有为的《论语注》也说："置诸众正友之中，则寡失德；置诸多闻人之中，则不寡陋。故辅仁之功，取友为大。"

孔子门徒切望有文，切盼交友。只因古代社会人烟稀少，庶民为生存各自忙农耕，老死不相往来，朋友少啊！孔子十分乐于远方的朋友来与他相会。古代的交通、信息十分不便，有朋友远道而来，带来了新的观点和新的体会交流，会使双方的学识和德行互有所长，岂不是快乐无比?《诗经》中说"虽有兄弟，不如友生"。认为兄弟有时还不如朋友。这是古代士人的一大精神享受和四海情怀。

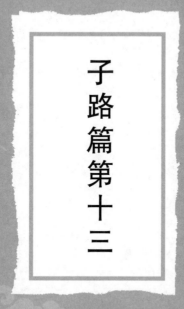

子路篇第十三

子路问政。子曰："先之，劳之。"请益。曰："无倦。"

这是中华文化的道德性与人民性

孔子的理想是要带领门徒"为政以德"。贵族卿大夫要笑掉大牙：一个贫且贱的丧葬业吹鼓手见过"政权"吗？摸过"权柄"吗？但是，孔子师徒不改初衷，硬是要坚如磐石地朝着那个"海市蜃楼"奔去。很天真！

何以见得？有子路问政。子曰："先之，劳之。"请益。曰："无倦。"子路问怎样管理好政事。孔子说：先于庶民身体力行做事，老百姓就会辛勤劳作而无怨。子路请求再往深处讲一点。孔子说：不要倦怠。这就是孔子头脑中构思的政治蓝图的一个重要内容。以今天来理解，大约就是指的干部作风、官民关系。根本上说是"为哪些人"的问题和"如何为人民"的问题。这个"先之"是从政的原则，为官的要做到率先垂范。正如范仲淹《岳阳楼记》所言"先天下之忧而忧，后天下之乐而乐"。"先"就是吃苦在前，享乐在后。这是孔子的治国理念，也是道德原则。所谓"劳之"，是从政处世的另一重要原则。官员带头辛劳，百姓自会"劳之"。所谓"无倦"。就是要不知疲劳地辛勤工作。不是一时兴起做一做表面文章，而是要一以贯之地为老百姓操劳。可见，孔子的"为政以德"政治蓝图不是空话，而是各个方面有丰富而具体的要求的。

即使在孔子之前，古代官员做好表率也不是空想，而是确有其人其事。据《礼记·月令》记载，古代天子有亲载耒耜，措之于参保介之御间，帅三公九卿诸侯大夫躬耕帝藉。所谓帝藉，就是天子亲自耕种的一块土地。当然是一种象征意义。但是，大禹治水中禹王是亲自劳动、吃苦在前的典范。他手持耒耜战洪水十三年过家门而不入。这样的帝王能不是"先之""劳之"？十三年修堤坝能不是"无倦"？

中华文化之内涵颇具道德性和人民性！

子路曰："卫君待子而为政，子将奚先？"

子曰："必也正名乎？"子路曰："有是哉，子之迂也！奚其正？"

子曰："野哉，由也！君子于其所不知，盖阙如也。名不正，则言不顺；言不顺，则事不成；事不成，则礼乐不兴；礼乐不兴，则刑罚不中；刑罚不中，则民无所措手足。故君子名之必可言也，言之必可行也。君子于其言，无所苟而已矣。"

"正名"为春秋之大用

庶民的生存总是炊烟袅袅。倘若忽然"天降大任于斯人"，将一个国家交付于你，汝何作？秦始皇的算盘是："三皇"不足誉我之功，"五帝"焉能表我之伟？唯有"皇与帝"合一而可也！于是有了始皇帝。可惜，大秦江山二世而亡，皇帝之号百代袭用。这是嬴政一大发明。

古人也是好政治？子路曰："卫君待子而为政，子将奚先？"子路想看看孔子的思想有什么"干货"。孔子脱口而出曰："必也正名乎？"可以断定，这一定与子路内心答案很不一样。孔子这位政治家如何虚以答之？其实正是切中肯綮。社会生活正名太重要。这就是小孩子为什么要取名字。同理，亚当·斯密的市场经济理论以为，一个公司没有注册名字必为非法乌有，更遑论邦国。所以，从古埃及到美利坚，能找到一个未"正名"之国而存的吗？当然还有思想正名、行动正名。"名不正，则言不顺，言不顺，则事不成"，这是古训。马一浮先生认为，"正名为春秋之大用"。汉武帝一个"独尊儒术"为儒家正名，结果迎来了大汉盛世！

"必也正名乎"？孔子为何要门徒"正"？正乃人生大用。又如何"正"？吾之体会为心中有孔圣人。正存于内，邪不可干。有正则和则强则健。正是久长，正是兴旺，正是方向。人、家、国皆须正，那是积极向上的浩然正气和无穷力量。

子曰："诵《诗》三百，授之以政，不达；使于四方，不能专对；虽多，亦奚以为？"

《诗》典为中华古代乡学第一本教科书

古人读什么书？孔子师徒经常一起学、一起习的是《诗经》大典。孔子办乡学，教授一群缺衣少食、饭疏饮水之徒。困难重重，却挡不住学子们专攻"文行忠信"热情高涨。师生尤爱《诗》。

这一天有教学。子曰："诵《诗》三百，授之以政，不达；使于四方,不能专对;虽多,亦奚以为?"意思是:把《诗》三百篇背得很熟,让他处理政务,却词不达意;让他当外交使节,不能独立应对。即使学得再多又有什么用呢?彼时孔子也不知遇到什么难题,是宰予昼寝、仲弓畏缩?还是子路粗心?孔子见微而知著,就搬出《诗》典教诲弟子。要他们熟诵诗三百,以备将来受"为政以德""使于四方"之大任。高远大哉教啊!

孔子将《诗经》举得高,感情深。原来这是他无数个春秋辛劳成果!曾经殷周先代奴隶们遭受压迫痛苦时发出心中愤懑之歌,和帝王贵族祭祀吟诵的祝辞,数以万计,可惜散落于各国民间、庙堂无人顾及。后来竟被孔子发现视为瑰宝,费尽心血采撷、收集、整理,去粗取精,去伪存真,分类编辑,终于从十五国国风遴选出305篇汇成一册《诗》。世界文化史上第一部民歌总集诞生了。《孔子世家》云:古者诗三千余篇,及至孔子,去其重,取可施于礼义。三百五篇孔子皆弦歌之,以求合韶武雅颂之音。来之何易,这是公道的评价。钱穆亦曰:《诗》实为西周一代之历史。其言治闺门之道者在《二南》。言农事富民之道在《豳风》。平天下,接诸侯,待群臣之道在《大小雅》。《颂》乃政成治定后始作。而得失治乱之情,则《变风》《变雅》悉之。故求通上下之情,制礼作乐以治国而安民者,其大纲要旨备于《诗》。鲁、齐、宋、卫、燕诸国可用之传唱了,教化民众有典有册了。孔子以为学它可以做人,可以做事。诵此三百首,便当达于为政。实在是始料未及,一书多用。是故,孔子对《诗经》能不无比喜爱吗?

《诗》当是孔子乡校第一本教材和百科全书。孔子寄希望于门徒,循循善诱之，重点强调之、反复引导之。他说：不学诗，无以言。要大家学《诗》中民众语言。又说："诗可以兴，可以观，可以群，可以怨，迩之事父，远之侍君，多识于草木知名。"不仅可学为政，甚至《诗》中还有自然植物学。门徒有典册，须要多加诵读。孔子的殷殷之情，伸手可撷。

子曰："其身正，不令而行；其身不正，虽令不从。"

为政者当以身教为先

榜样的价值古人是知晓的，尤其是为政者的行为示范直接关系国家、社会与民风。谁发现的？政治家孔子。子曰："其身正，不令而行。其身不正，虽令不从。"孔子是社会治理的整体论者，以辩证观看到事物之间具有密切联系。若统治者本身行为正当，即便不发命令，事情也行得通。若他们自身行为不当，纵使三令五申，百姓也不会信从。何晏在《论语注疏》中说，此章言为政者当以身先也。言上之人，其身若正，不在教令，民自观化而行之。其身若不正，虽教令滋章，民亦不从也。孔子又如何看到事物发展中主要矛盾的主要方面的关键作用的？虽然历史由人民创造，但是掌握权力的是统治者。南朝皇侃《论语义疏》云："其身正，如直形而影自直。其身不正，如曲表而求直影，影终不直也。"作为儒家思想的典型代表，孔子对统治者这一群体的关注远胜于其他。这是因为以"仁""爱"为中心的儒家学说要求统治者在施政的过程当中必须关心和爱护其治下的百姓，故而孔子对统治者提出了一系列的要求，本章即为一例。儒家要求帝王将相大臣等执政者须有贤者之德。故而一再强调治国必先齐家，齐家必先修身，唯有修身，才能治人治天下。《荀子·大略》中荀子说：口能言之，身能行之，国宝也；口不能言，身能行之，国器也；口能言之，身不能行，国用也；口言善，身行恶，国妖也。治国者敬其宝，爱其器，任其用，除其妖。孔孟这种观点，虽然看似不符合于现代政治学理念，但在实际政治治理中或在管理中并非毫无意义。司马迁《史记》所谓"桃李不言，下自成蹊"是也。

道德榜样竟有如此巨大效应。孔子如何观察统治者的行为，又如何与政治联系起来的?《礼记·子张问入官篇》说："君子欲政之速行也者，莫若以身先之也；欲民之速服也者，莫若以道御之也。"可是，这一深刻道理和治国的高明方略被皇帝记住了吗? 有! 唐太宗懂得"水能载舟，亦能覆舟"。可惜有唐明皇不处理国家大政却与杨贵妃沉湎于声色。他那身体是歪着的，结果整个国家也倾斜起来。这样，大唐王朝这座大厦终于坍塌了。为政者，切记"正"啊!

子谓卫公子荆："善居室。始有，曰：'苟合矣。'少有，曰：'苟完矣。'富有，曰：'苟美矣。'"

儒家倡导质朴节俭知足生活

孔子试图重构华夏社会生活方式，他们大约想到要从四个方面着手：理论创立、自身践行、榜样示范和游说官长。他们行动起来了。

子谓卫公子荆："善居室。始有，曰：'苟合矣。'少有，曰：'苟完矣。'富有，曰：'苟美矣。'"《四书解义》曰：此一章书是举公子荆以风当世之有位也。孔师徒知道自己人微言轻，就借力于贵族中的开明人物。这个公子荆就是。孔子谈到公子荆时说：他善于治理家国，刚宽裕一点，就说：差不多够了。稍微增加了一点，他又说：差不多完备了。达到富足时，就说：差不多完美了。《论语正义》曰：公子荆仕卫得禄，终致富有。公子荆处卫富庶之时，知国奢当示之以俭，又深习骄盈之戒，故言"苟合苟完苟美"，言其意已足，无所复歉也。

孔子非常关注各国统治者的德行作为，不仅十分注意，而且，还要做评论。这不合他的庶民身份啊。此时，他大约在卫国做游说，早就告别了五年鲁国官宦大夫生涯。那么，他现在只是一位民间人士。

身在江湖，心在百姓，构思着改变社会风气，改变民众生活。这出发点、这良苦用心，都是儒家之仁啊!《论语注疏》曰：此章孔子谓卫公子荆有君子之德也。家始富有，不言己才能所致，终无泰侈之心也。钱穆曰：仅始有，尚未足，即曰此亦可以为足也；仅少有，尚未备，即云此亦可以为备；富有，未必美，即曰此亦聊可谓美。可证其心平淡，而居室有方，故能不以"欲速尽美"累其心，亦不以富贵肆志，故孔子称之。有是耶!

为何孔子不愿看到贵族积累财富过多？只因那一点一滴都是老百姓的血和汗。凡物欲之移人，未尝不以其渐，能戒于始有而不能戒于少有，能戒于少有而不能戒于富有，终亦必侈而已矣。朱子曰：言其循序而有节，不以欲速尽美累其心。这位公子荆是另类吗？人情练达，世事洞明。人无百年不坏之身，世无百年不朽之宅。他可谓是统治阶级中的明白人。

这正是中华文化的一种生活态度。人间大美与人性至德，尽在不贪不求之中。

子夏为莒父宰，问政。子曰："无欲速，无见小利。欲速，则不达；见小利，则大事不成。"

为官最忌讳之两大弊端

历史已经过去，往事已成追忆。何况是两千多年前的春秋呢。幸而中华很早发明古文字，为后代记录了先祖的事迹和古代的生活。各色人等，颇为有趣。

若有不会为官的怎么办？请教啊。子夏为莒父宰。问政。子曰："无欲速，无见小利。欲速，则不达；见小利，则大事不成。"子夏是孔子门徒，很勤奋好学，终于做了莒城的县长。心里没底何处着手，就向孔子请教为政之道。孔子对他说：不要求速成，不要贪小利。求速成则达不到目标，见小利就办不成大事。老师一口气讲了多个方面要处理好的关系。这就是师徒真情，孔子是掏心窝。他是仁者，能不尽力指教？《论语注疏》曰：此章弟子子夏为鲁下邑莒父之宰，问为政之法于夫子也。事有程期，无欲速成，当存大体，无见小利也。孔子很懂得心理学，知道一般人初为官的普遍心理，那就是急于干出名堂，"上任三把火"出政绩，好向上邀功，向百姓交代。子夏年轻气盛，又出自社会声誉极高的孔门，当然特别急于出人头地，干出一番大事业。故而，孔子对门徒之心是了如指掌，有针对性地嘱咐他最重要的两点：无欲速，勿图小利。朱熹曰：欲事之速成，则急遽无序，而反不达。见小者之为利，则所就者小，而所失者大矣。俗语云：心急吃不了热豆腐。《四书解义》曰：此一章书见治道贵以远大为期也。盖欲速则求治急，而无次第，求治愈急而行之愈碍，反不能达矣；见小利则其心已足而无远图，谋及一身而不及天下，谋及一时而不及万世，将至所就小而所遗大，大事必不成矣。从来久道而后化成无欲，乃可言至治。所贵以纯王之心行纯王之政也。孔子所言极是，贵在长远，贵在有恒。《大戴礼记》曰：好见小利妨于政。这是快与慢、大与小的辩证关系，道理深刻。

孔子对子夏教导，为政者在恒在远。勿求快，勿图小利。由此凸显孔子品格，他说的是大实话。即使他自己做了官亦是这种风格。孔子曾经说过：苟有用我者，三年有成。他本人做官办事要见成效须得三年。所以，哲人智慧，从不说不靠谱的话，不办不靠谱的事。孔子的风格是实事求是接地气呀。

樊迟问仁。子曰："居处恭，执事敬，与人忠。虽之夷狄，不可弃也。"

中华文化的襟怀太博大了

每一个时代都有自己的中心词吗？那么，中国春秋之时的中心词是——"仁"。孔子门徒对这个新范畴反复求索再三探问阐释不止，道出了中华文化的精神追寻。这算是先辈对真理的追求吗？

且看樊迟问仁。子曰："居处恭，执事敬，与人忠。虽之夷狄，不可弃也。"即是说，平常居家要能恭，做事情要能敬，与人交往要能尽心有诚。即使到了夷狄之邦，这些美德也是不能够丢弃的。孔子对这个"仁"的解读多么精当恳切。《四书解义》曰：此一章书见仁不外于存心之纯也。为仁之"三德"。谁能不为中国哲学这种利他的人性折服呢？"虽之夷狄，不可弃也"。中华文化的襟怀太博大了！仁的真谛也太奇妙太伟岸了。《礼·表记》云："仁者，右也，人也。道者，左也，义也。"庄子曰："爱人利物之谓仁。"这实在是东方文化的人道光辉映日冲天。《论语集注》曰：恭主容，敬主事。恭见于外，敬主乎中。之夷狄不可弃，勉其固守而勿失也。儒家是认为四海一家的。

这孔子整天忙些什么？"述而不作"，康德却是"述而有作"。他说：我的生命就是为思想而劳作。他以"三大批判"横扫欧洲，高悬日月。孔子要"居处恭，执事敬"，何其难。《四书反身录》曰：此操存之要也。独居一有不恭，遇事一有不敬，与人一有不忠，便是心之不存。不论有事无事，恒端谨无欺，斯心无放逸。这是人性开悟？我们属于统一的物质世界。中华文化能不大放光芒？

子贡问曰："何如斯可谓之士矣？"子曰："行己有耻，使于四方，不辱君命，可谓士矣。"

曰："敢问其次。"曰："宗族称孝焉，乡党称弟焉。"

曰："敢问其次。"

曰："言必信，行必果，硁硁然小人哉！抑亦可以为次矣。"

曰："今之从政者何如？"子曰："噫！斗筲之人，何足算也？"

孔子为何鄙视贵族从政者

咱们那祖先于人类开篇之时，文化上平等，大家都是文盲。华夏仓颉是第一个"文化人"吗？知识分子的队伍终于像滚雪球似地愈来愈雄壮。他们又生出精神与身份认同，自造一个雅号阶层——士。这二横一竖是包含与洋溢着文人之傲气与高孤的呀。

尚有不明之处。子贡问曰："何如斯可谓之士矣？"孔子说："要保持羞耻之心，不做有辱国格的事；代表国家出使，能够顺利完成君主交付的使命，这样的人可以叫作士。"子贡说："请问次一等的士呢？"孔子说："在宗族中人人都称赞他孝顺父母，同乡的人都称赞他尊敬兄长。"子贡又问："那么，请问再次一等的士呢？"孔子说："为人讲信用，做事坚毅果断，这算是耿直固执的小人啊！但也可以算是最次等的士了。"子贡说："现在执政的这些人，有哪些是士呢？"孔子说："唉！都是些器量狭小的人，哪里能算得上是士呢？"孔子不愧为渊博之师，以为可不是人人都可以称为士的，也不是每个士都是同类的。士有三等，"行己有耻"，讲道德明节操，严于律己，于邦国之事却勇于担当，"使于四方，不辱使命者"为上士、国士；"宗族称孝焉，乡党称弟"为孟子所说"一乡之善士"；有"言必信，行必果"之为，却失于是非之辨者为"小忠小信之士"，为第三等级。那么，统治者的帝王侯公属于何类？孔子一句话评定："斗筲之人"何足挂齿？

反了！孔子怎么对贵族当权派这么个态度？因为他懂啊！孔子可不是隔岸观火雾里看花，胡言乱语。孔子曾经入官场做中都宰，又连升三级至大司寇主持要务，同鲁国国君及朝廷百官朝夕相处五年经历，与王侯打了多少回合？洞察多少朝廷内幕？目睹几多官场厚黑？大臣奸佞，人焉廋哉！虽后来官职被罢免，却早已把那一个个"大肚皮"和"厚脸皮"看得透彻明白，王侯卿大夫集体形象太丑陋，当然让孔子瞧不起。

子曰："君子和而不同，小人同而不和。"

孔子对"和""同"真义之一辨

孔子有对社会人群的观察比较认知，亦有对人类精神的分析研究概括。儒家将人区分为两大类型：君子、小人。但是，这种对于人的"一分为二"的根据并非是做阶级分析，那个时代孔子师徒是没有这个觉悟和能力的。那么，他们的依据是什么呢？他们乃是依据人的道德和人性。

子曰："君子和而不同，小人同而不和。"孔子一定是观察了无数的个体的人，看到了普遍性的倾向。君子这类人讲和谐共处而不会同流合污，小人则喜欢同流合污却不能和谐相处。真是这样吗？我们身边的人都生活在群和类中吗？马克思说："人才是真正的类存在物。"文明人形成文化的圈子，西方是个大圈子，儒学亦是个大圈。中华文化之妙在以道德分群别类，重和。为什么托尔斯泰说"幸福的家庭都是相似的"，那就是那些家庭皆有"和"。华人最讲究"家和万事兴"。和"其实根本上依归在仁"。孔子学生中虽然贫富悬殊，子贡身家巨贾，而曾参数代农奴，颜回衣敝缊袍与衣狐貉者立而不耻，他们皆有仁的信念支撑。门徒就是"和而不同"，才使得那一群出身不同的热血青年在阙里陬邑小镇的孔门学校团结一心，克己复礼，放飞理想，摩拳擦掌，欲进军朝廷，安顿天下，志冲云霄展开热烈追求。此皆君子也！而小人们则是大口喝酒暗中勾结，沆瀣一气，占些鸡马牛犬锱铢小利。小人秉性何其相似？但他们有和吗？

"和"是一种公德。它应当是当代最重要的普世思想。新中国早先提出"和平共处五项原则"，就是高举"和文化"旗帜，倡导世界"和平"。和，世界终将达于天下大同。

子贡问曰："乡人皆好之，何如？"子曰："未可也。"

"乡人皆恶之，何如？"子曰："未可也。不如乡人之善者好之，其不善者恶之。"

这个辨识人才的方法比较靠谱

植物有变色草，动物有变色龙。人是高级动物最聪明，所以，人有丰富性，人有多面人，人有多变最难识别。

如何辨识人？子贡有疑惑，问孔子："全乡人都喜欢、赞扬他，这个人怎么样？"孔子答："这还不能肯定。"子贡又问："全乡人都厌恶、憎恨他，这个人怎么样？"孔子又答："这也是不能肯定的。最好的人是全乡的好人都喜欢他，全乡的坏人都厌恶他。"《论语注疏》云：此章别好恶。人在社会生活，当然每日要与不同的人打交道。如何看人？如何不被表面现象所蒙蔽？实在是一篇人生大文章。对于一个人的正确评价真的不易。子贡本是孔门资质聪慧高徒，面对仅仅一乡之人尚且迷惑不解，看不清，差点被大多数乡人的评价意见左右。要从众，可又心里不踏实，这才向孔子请教的。孔子到底是哲人有智慧，教导子贡：不能随乡人所好，亦不能随乡人所恶。应当是全乡的好人都赞扬他，全乡的坏人都憎恶他。有哲人说，人类天生是社会性动物。而孔子早根据人的社会复杂性提出一个原则，或曰是一个辨识好人坏人的方法论。把握住这个方法，即不以众人的主观所好或所恶为依据，而应以客观善恶为标准，以大多数人共同的好恶意见为依据，才不至于出大错。孔子的这个思想方法，对于我们今天识别好人与坏人有一定借鉴意义。

———————————

子路问曰:"何如斯可谓之士矣?"子曰:"切切偲偲,怡怡如也,可谓士矣。朋友切切偲偲,兄弟怡怡。"

古代士人如何对待朋友和兄弟

在孔子门徒中,子路只比孔子小九岁,是孔子门徒中年龄较大的弟子。子路出身寒微,为人耿直好勇,爽快粗莽。孔子对他因材施教,指教甚多,操心甚多,批评亦甚多。但是,从未影响子路和老师的亲密关系;他亦从未中断过对老师的请教。

有一天,子路问曰:"何如斯可谓之士矣?"子曰:"切切偲偲,怡怡如也,可谓士矣。朋友切切偲偲,兄弟怡怡。"高问!子路虽然家贫身贱,可他如今是学过文字有学问而非一个手执耒耜的农耕者,追求上了层次,他想要做一位"士人"了。于是,就有问于孔子:怎样才可以称为士呢?孔子回答说:互助督促勉励,相处和和气气,可以算是士了。朋友之间互相督促勉励,兄弟之间相处和和气气。

《论语注疏》曰:此章问士行也。切切偲偲,相切责之貌;朋友以道义切磋琢磨,故施于朋友也。怡怡,和顺之貌;兄弟天伦,当相友恭,故怡怡施于兄弟也。由此文可见,孔子对子路的回应绝非敷衍而是用了心的。孔子在此列举和引用了两篇《诗经》中的句子。《诗经·卫风·淇奥》曰："如切如磋"，比喻互相探讨学习。《诗经·齐风·卢令》曰："其人美且偲"。偲偲，即互相督促，勉励。朱熹《四书集注》云："切切，教告恳恻而不扬其过；偲偲，劝勉详尽而不强其从。"意思是，交朋友要志同道合，以文会友，以友辅仁，切磋磨砺，互相劝勉，共同进步。而对兄弟则可以恩义合，兄爱弟敬，适时援手，和睦相处。这样就可以称得上"士"的德行了。不知子路明白否？孔子还曾经说过：宗族称孝焉，乡党称弟焉。此处提出"朋友切切偲偲，兄弟怡怡"，这些都是爱人之道，都是士要达到的做人准则。子路"文"不足，相对粗野、鲁莽，说话办事常常只从本意出发，不大考虑对象、时机、场合，以及可能产生的后果，所以，孔子一再嘱咐说"切切偲偲，怡怡如也"。如此，乃可称士也。孔子对子路真是善教啊！

那么，为什么兄弟之间要和乐而朋友之间应该切磋勉励？清代经学家刘宝楠在《论语正义》说：朋友相勉，不使为非，其告语节节然有所限制也。朋友之间互相劝勉，不要让对方做不好的事。这是劝之以义。朋友以道相交、以义相交，"其告语节节然有所限制也"，所以，朋友之间都是忠告。换句话说，朋友之间就有互相忠告劝勉的责任，这才是真正的友谊。否则互相阿谀奉承，狼狈为奸，就成了酒肉朋友。

古今有似。孔子之言于今日岂无诫勉意义？

子曰:"善人教民七年,亦可以即戎矣。"

儒家军事思想,有道德、有人民

古代社会当然也有大事,老百姓把吃饭活命当作天大的事。但是,《左传·成公·十三年》云:"国之大事,在祀与戎。"一个国家最大的事情,莫过于祭祀和战争。这是贵族统治者的观点。确实,春秋国体分裂,诸侯立国,战火四起,乱成一团糟,伤害的都是平民百姓。是故,孔子站出来发表意见了。子曰:"善人教民七年,亦可以即戎矣。"很道德呀。

杨伯峻以为,孔子的意思是"善人教导人民达七年之久,也能够叫他们作战了。"孔子认知战乱一时无可避免,怎么办?退而求其次,那就是防止不教而战。若庶民未经军事训练,毫无军事素养,又无对战争和时势的认识,怎么战?那就只能是糊里糊涂盲目送死。须"善人教民"。"善人"在这里是一个执政者,他有责任有义务教百姓。教什么?一是教善;二是教军事技能。《论语集注》说是"务农讲武之法"。要教人民的,不仅是孝弟忠信,还有务农讲武。善人治理国家,心存百姓,民众就一定会保家卫国,百姓会过上安泰的日子。

孔子是主张和平的。但他也知道"天下虽安,忘战必危"的道理，故同意保卫家国、抵抗外侵的战争。他认为必须保持民众的忧患意识，要加强人民保卫国家的教育和训练，做好战争的准备。而为什么是七年？孔子之前说过："苟有用我者，期月而已可也，三年有成。"如果君主用他来执政，一年就能见效可观，三年就能大有成功。但治兵却要七年。因为，执政者是善人而不是圣人，同时，政治与军事结合的综合素质提升，绝非一蹴而就的事，知之非易，孔子充分考虑到这一点，故而须七年。

春秋时代，华夏四民：士民，农民，工民，商民。孔子是重民敬民欲安民。儒家仁文化尚德，主善重民。这就是中华文化的历史先进性和优秀性！

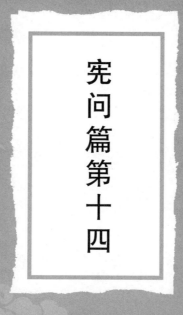

宪问篇第十四

子曰："君子而不仁者有矣夫，未有小人而仁者也。"

道德乃君子之不可或缺的精神营养

人类智力在生物中居首是定论，但人与人之间智力可不是一条平滑的直线，正像他们的身体高矮参差，道德秉性其实也莫不如此。

洞察世象，子曰："君子而不仁者有矣夫，未有小人而仁者也。"这是孔子对世道的认知，对不良之徒小人的鞭笞。

孔子说：君子中没有仁德的人是有的，而小人中有仁德的人是没有的。这是评说君子、小人的仁德和人格差异。先看什么是君子、小人。君子最初指君王的儿子，强调的是其社会地位。后来，给君子赋予了道德含义而多指品德高尚的人。如《周易》乾卦中有"九三，君子终日乾乾，夕惕若厉，无咎。"就是说君子有忧患意识，昼夜当须警惕内省自己有没有大的过失。而小人通常指人格卑鄙者。他们喜好明争暗斗、搬弄是非、落井下石、造谣生事、尔虞我诈，总之是心地肮脏的一个群体形象。

生活警告我们，对小人不可小视。首先这是客观存在，犹如打开的书本，自有其本质。马克思认为，工业的历史和工业的存在是人的本质力量的体现、产物，是人的本质力量打开了的书本，是一部可以感觉到的人的心理学。朱熹在《四书集注》中引谢良佐的话说,"君子志于仁矣,然毫忽之间,心不在焉,则未免为不仁也"。人性中善的生长,对至美的追求,是人的道德力量张开了的翅膀。你让小人如何赶得上?飞得动?所以,小人必然是在社会超低空飞行!

小人是有奇怪奥秘的,马克思以为"历史是人的真正的自然史"。小人为何自甘卑下?正如恩格斯在给拉萨尔的信中所说:"现在流行的恶劣的个性化是一种纯粹低贱的自作聪明。"有些人会将低俗当个性,个人价值观出现了问题。

怀仁有大,寡仁存小。

子曰:"爱之,能勿劳乎?忠焉,能勿诲乎?"

忠爱的落脚点在磨砺和深教

爱的情感绝非人类专属。你看非洲丛林有黑猩猩抚摸小猩猩,有母狮子为小狮子舔皮毛,有凶残的大鳄鱼用嘴含幼鳄,岂不感动?就连植物界也自发将枯老叶片掉落后化作肥料。通过这些自然现象,你可感知我们这个宇宙多么美好:洒向世间都是爱呀。

何谓爱?子曰:"爱之,能勿劳乎?忠焉,能勿诲乎?"《论语注疏》曰：此章论忠爱之心也。振聋发聩！中华文化，你是多么独到深沉，富有人性！对爱的认知探究已达至人性论、方法论层面。爱护他，能不让他操劳付出吗？忠于他，能不尽心劝教吗？《孟子·滕文公上》云："或劳心，或劳力；劳心者治人，劳力者治于人。"孔子诠释了爱与劳、忠与诲之辩证关系。《论语正义》曰：此为劳者、诲者表也。不欲爱，即勿劳；不能忠，即勿诲。故夫言者既竭怀以达诚，闻者亦宜原心以荣直。这是反证法。可进一步理解爱、劳和忠、诲之含义。

但是，倘若滥爱或宠爱、溺爱、错爱，会伤到多少对象及双方。即使现代人又何能高明而幸免？由错爱、乱爱带来的事例还少吗？惜哉，痛也。朱熹在《四书集注》中引苏轼的话，苏氏曰："爱而勿劳，禽犊之爱也；忠而勿诲，妇寺之忠也。爱而知劳之，则其为爱也深矣；忠而知诲之，则其为忠也大矣。"爱不仅仅是关心，忠也不能愚忠。《国语·鲁语下》说："夫民劳则思，思则善心生；逸则淫，淫则忘善，忘善则恶心生。"艰难困苦，玉汝于成。因此，忠爱一个人，就要为他的前途与未来着想，让他受到艰苦的磨炼，使他懂得人生的艰难困苦，才能真正砥砺其百炼成钢。这是孔子教育思想的一个精华点。

孔子是仁者，儒家的所谓爱，不是私有而是博大。《四书蒙引》曰：爱不但父之爱子，兄之爱弟，士爱友，君爱臣民，师爱弟子，亦有如此者。忠不但臣之忠君，子亦有尽忠于父处，士亦有尽忠于友处，凡为人谋亦有尽其忠处，但不必贯忠爱而一处也。这就是士人之爱，泛爱众，爱家、爱国、爱世界、爱全人类。其实是儒家人性，诠释中华人文底色。

孔子的"爱""忠"思想精华滋养了一个伟大民族！

子路问成人。子曰："若臧武仲之知，公绰之不欲，卞庄子之勇，冉求之艺，文之以礼乐，亦可以为成人矣。"曰："今之成人者何必然？见利思义，见危授命，久要不忘平生之言，亦可以为成人矣。"

孔子期待门徒成为"完美的人"？

孔子的学说是探寻关于人的身心发展、人格成长的思想体系。欲要自己发展、他人发展，以人的发展推动社会发展前进。儒家以为人在世上第一位的大事，乃是自身锤炼修齐治平之学，以利世济民。这是以人为本。

师徒一心为成人。子路问成人。子曰："若臧武仲之知，公绰之不欲，卞庄子之勇，冉求之艺，文之以礼乐，亦可以为成人矣。"曰："今之成人者何必然？见利思义，见危授命，久要不忘平生之言，亦可以为成人矣。"本章中心是孔子答子路什么是完美的人。子路是孔子门徒中的一位特有个性的大龄青年，或许他看到比自己小许多的师弟们，一个个德行学问日进，急性子的他能坐得住吗？于是，就问老师：怎样做才是一个完人。孔子耐心告诉他：如果具有臧武仲的智慧，孟公绰的克制，卞庄子的勇敢，冉求那样多才多艺，再用礼乐修养，也就可以算是一个完人了。后人有疑，当时子路问，为什么孔子的回答不是讲道理而是举例子？这恰恰是反映了孔子的因材施教思想。子路天资有点愚鲁，若对他讲一篇深奥哲理，他也许会懵的。于是，孔子就举出几个社会公认有成就的人为例子。《论语集解》里马融说，"臧武仲，鲁大夫臧孙纥"。臧武仲很有智慧，《左传·襄公二十三年》记载，臧武仲在鲁国做大夫的时候，曾经得罪过鲁国三家专权的权臣，被迫逃到齐国去避祸。齐庄公很赏识臧武仲，于是就想把田地赠给他。但臧武仲看到齐庄公之所为，就预料到齐庄公不能长久，所以，故意在谈话的时候激怒齐庄公，齐庄公也就没有给他田地。所以，后来齐庄公被杀，臧武仲没有受到牵连。卞庄子是鲁国著名的勇士，皇侃在《论语义疏》中说他能够单独与虎格斗。冉求为孔子的弟子，政事、六艺都相当精通，列政事科孔门十哲。孔子说的"成人"就是把这四个人的长处汇集在一身。

但是，孔子又担心子路望而却步。于是说：现在的完人何必一定要这样呢？见到财利想到义的要求，遇到危险能献出生命，长久处于穷困还不忘平日的诺言，这样也可以成为一位完人。夫子想得多么周全。

刘向的《说苑·辨物篇》里记载颜渊问孔子成人之行何若，孔子就说："成人之行，达乎情性之理，通乎物类之辨，知幽明之故，睹游气之源，若此而可谓成人。"颜回得传孔子心法，所以，孔子回答颜回就比本章答复子路的层次高。孔子对颜回说，成人既要通天道，又要通人伦，并要达到穷神知化的境界。这是传大道。门徒智愚，各有所得。孔子教育，运用之妙存乎一心。

子曰："晋文公谲而不正，齐桓公正而不谲。"

春秋"礼崩乐坏"乃人祸

华夏上古历史从炎黄至夏商西周，王朝一统，庶民安定。而到了东周，忽然天子失威，诸侯立国，天下大乱，庶民遭殃。政治家不能不思考：这是为什么？

孔子关注春秋社会政治，非常痛惜。他以为原因甚多。其中之一，在于霸主无德，包藏祸心。子曰："晋文公谲而不正，齐桓公正而不谲。"本章是孔子评价晋文公和齐桓公。《左传》说：孔子认为晋文公"谲而不正"的原因就在于他破坏了礼制，以一个诸侯的身份竟然召见天子，这正是导致"礼崩乐坏"天下大乱的恶劣事件。晋文公是个僭越者、野心家，破坏君臣规矩，以下凌上。如此无礼，决然是"不正"了。"正"是什么？首先是合道德守名分，具体说就是遵循"礼乐制度"和"君臣伦理"。天子是天子，诸侯是诸侯。孔子虽对晋文公不满，可是他能有什么办法去匡扶正义？能有什么力量去扭转乾坤？他只是一位民间智者，所以，孔子无可奈何，只能以文化来做武器，微言大义，拿齐桓公做对比，来讽刺晋文公：齐桓公守规矩懂礼，晋文公不守规矩非礼。

《左传》记载，晋文公曾经组织过一次"践土之盟"。晋文公在战胜南方楚国后召集齐、宋等国诸侯于践土会盟。当时，他以天子之臣的身份召周天子来到践土进行盟会，接受诸侯的礼拜。虽然，表面上晋文公说要尊周天子，可是盟会只能是周天子才具有资格召集的呀。至此，晋文公的勃勃野心暴露无遗。太违礼了！太出格了！孔子愤怒地说："以臣召君，不可以训。""训"就是法则、榜样。孔子以为此举不合法则，于是批评晋文公：谲而不正。即狡诈而心术不正。而同样是会盟，齐桓公怎么做的？齐桓公在葵丘盟会诸侯遵循周礼，对周天子尊重有加，恪守君臣之分。这就是"正而不谲"。两相对比，高下立判。虽然，朱熹在《四书集注》中说，"二公皆诸侯盟主，攘夷狄以尊周室者也。虽其以力假仁，心皆不正，然桓公伐楚，仗义执言，不由诡道，犹为彼善于此。文公则伐卫以致楚，而阴谋以取胜，其谲甚矣。二君他事亦多类此，故夫子言此以发其隐。"孔子是看到了的。

不独孔子称赞齐桓公。春秋另一位政治家管仲亦有评论。《左传·僖公七年》记载："管仲言于齐侯曰：'臣闻之，招携以礼，怀远以德，德礼不易，无人不怀。'齐侯修礼于诸侯，诸侯官（同"馆"）受方物。"孔子还在《论语》中多次赞赏齐桓公。说他九合诸侯，一匡天下。西北的戎狄不断进犯中原各国，齐桓公打着"尊王攘夷"的旗号，维护周王尊严，出兵帮助燕国、卫国、邢国击退异族入侵，维护了百姓安全，保卫了华夏文化。功不可没。

子曰："其言之不怍，则为之也难。"

中华士人的言行之一致性

与高扬个人中心主义的欧美主流价值观不同，中华文化有家国情怀硬结！一人之言行关乎一家，一民之生命系于一邦，太深沉！子曰："其言之不怍，则为之也难。"程熹曰：此二语，夫子讥当时之人好大言而无实用者尔。大言不惭，则无必为之志，而不自度其能否矣。孔子乃在嘱咐门徒，千万别口出狂言，千万别一张白嘴。口一张说出来容易，欲践其言，岂不难哉？人有多种。荀卿在《荀子·大略篇》早已将人以国衡之曰四：口能言之，身能行之，国之宝也；口不能言，身能行之，国之器也；口能言之，身不能行，国之用也；口言善，身行恶，国之妖也。治国者，敬其宝，爱其器，任其用，除其妖。这也太明晰了！唐文治曰：子曰"仁者其言也讱"，又曰"力行近乎仁"，若大言不惭，则本心渐失，岂能望其力行乎？故曰"为之也难"。所以，说大话的毛病古代社会的人其实也是早患上了。孔子看到了这种欺骗老百姓的不良风气应当制止，更担心它蔓延到孔门学校，危害年轻气盛门徒志气。钱穆曰：凡人于事有志必为，当内度才德学力，外审时势事机。夫子是怕门生说了不做。《四书困勉录》曰：凡人志于有为者，必顾己之造诣力量时势事机，绝不敢妄发言。如言之不怍，非轻言苟且，即大言欺世。为难即在不怍时见。孔子的担心绝非空穴来风。

明代刘宗周曰：其言不怍，精神一并外泄，安能有为？士君子躬行实难，惟凝聚之极，方有全力，可以胜天下之重而不靡，可以至天下之远而不仆。怪只怪人类独自进化出了语言系列，此后多少人那张"乌鸦嘴"每日里绘声绘色演说而不停。言巨行侏，是人类古今世代的流行病疾。故孔子有此言，圣人看不下去了。诸葛亮因错用夸夸其谈的马谡，痛失街亭，半生心血毁于一旦；宋高宗以亡国换来血训，南逃杭州后发誓：朕今后绝不用文华之士。反省了饕餮夸言之徒受宠的灾难！其谁还敢怍？

陈成子弑简公。孔子沐浴而朝，告于哀公曰："陈恒弑其君，请讨之。"公曰："告夫三子！"

孔子曰："以吾从大夫之后，不敢不告也。君曰'告夫三子'者！"

之三子告，不可。孔子曰："以吾从大夫之后，不敢不告也。"

孔子真的是有情有义

儒家文化是反战派。陈成子弑简公。孔子沐浴而朝，告于哀公曰："陈恒弑其君，请讨之。"讨伐贵族内乱，大忌呀。孔子因何为一帮人所诟病？陈成子即齐国大夫陈恒，也叫作田常，谥号"成子"。陈成子杀死简公后，立齐平公，任相国，杀鲍晏大族及公族中的强者，扩大封邑，从此齐国由陈氏专权。《庄子》认为这是"窃国"，称作"田成子取齐"。到其曾孙田和时，正式取代齐国，于是齐国之君由姜氏而成田氏。史称"田氏代齐"。朱熹曰：臣弑其君，人伦之大变，天理所不容，人人得而诛之，况邻国乎？都是不懂政治。

弑君之事发生在鲁哀公十四年（前四八一），孔子七十一岁。这个孔子实在是书呆子，竟出面干预此事。他在朝见鲁哀公之前，先沐浴斋戒，多么郑重和尊敬。孔子见国君后，向鲁哀公报告说：陈恒弑其君，请讨伐。哀公说：去报告给那三位卿。这明明是推诿。可是，孔子似乎信以为真，说：因为我还跟随在大夫之后，不敢不来报告啊！君上却说'报告给那三位卿'这样的话。"孔子就到三桓那里去报告，三桓当然是不准。孔子吃了两次闭门羹。《公羊传》曰：上无天子，下无方伯，天下诸侯，有为无道者，臣弑君，子弑父，力能讨之，则讨之可也。故而孔子说：不敢不来报告啊。老先生是心太软？但他以为有道德者必胜。这也太过自信了吧？周室衰微无力治理天下，五霸也已没落，在孔子看来，鲁国虽然不是方伯，然而，面对弑君这样的无道之事，作为齐国的邻国，鲁国有责任讨伐之，消灭乱臣贼子，以正视听，维系治安。《论语注疏》曰：此章记孔子恶无道之事也。钱穆云：孔子亦知其所请之不得行，而必请于君、请于三家，亦所谓知其不可而为之也。所以，孔子还是不懂贵族官场文化奥秘啊。

知其不可而为之，孔子有情义乎？

子曰："不在其位，不谋其政。"

曾子曰："君子思不出其位。"

儒家关于人的定位与越位之思考

西人赫胥黎以为人在宇宙的位置乃在自觉。中华民间以为，天上星，地上人，皆有位。这当然不可靠。但是，每个事物，每个个人在宇宙也好，在社会也好，的确都是有相对位置的。这是显而易见的，位置就是职位岗位，就是工作。不是吗？

哲人多思。子曰："不在其位，不谋其政。"曾子曰："君子思不出其位。"《论语注疏》曰：此章戒人侵官也。不在此位，则不得谋此位之政，欲使各专一守于其本职也。孔子有什么顾虑？他是提醒门徒以后若做了官什么的，不要失序，不要僭越。他曾经说过，君子思不出其位。错了吗？没错。可有那么一种人，自己的本职事务不去做，做不好，却偏偏要越位，去干预别的岗位。自己的田园荒芜不堪，却跑到他人的一亩三分地上指手画脚。对这种人当然要批评。倘若不在其位，越俎代庖，势必造成社会秩序混乱的局面。所以，孔子是有所指的。北宋经学家、思想家陈祥道曰：大夫不在其政，而谋其政，则谓之犯分；居官不在其政，而谋其政，则谓之侵官。此《易》所以言"思不出其位",而孔子所以言各司其职,此不在其位不谋其政也。所言极是。

一个人首先要立足本职,履行自己的岗位职责,把本职工作做好,做到第一流。《论语稽》曰:《易》曰"君子思不出其位",况谋政乎? 非惟无补,且以招祸,此汉唐宋明党祸之所以为世戒也。《孟子》曰:"位卑而言高,罪也。"《中庸》曰:"君子素其位而行,不愿乎其外。"又云:"在上位不陵下,在下位不援上。"皆此意也。

孔子似乎有一些科学意识,知道社会分工的必要性和重要性。一般认为,术业有专攻,业中有术还有道。可能把握术还是容易,但要得道,就非一日之功了。

子曰:"君子道者三,我无能焉:仁者不忧,知者不惑,勇者不惧。"子贡曰:"夫子自道也。"

"无"是任何大哲大圣生命所不可免的

孔子是华夏的,苏格拉底是希腊的,古代天空有"东西二哲"双星闪耀。然而,此二人谁更明亮更高大? 无稽可考啊。

大哲凭什么? 子曰:"君子道者三,我无能焉:仁者不忧,知者不惑,勇者不惧。"孔子认知这是高尚人士须具备的三项品性,他自谦没有。《中庸》说："智、仁、勇三者，天下之达德也。"三者之中仁最重要。仁包含着智和勇。仁又谓之"全德"，是统领其他各项品德的。孔子曾经讲："有德者必有言，有言者不必有德。仁者必有勇，勇者不必有仁。"由此可见，民间俗人之所谓"智勇双全"该是如何失误，竟然将老人家置于首位的"仁"视而不见，或者是大伙儿畏缩了？道德仁义确实不是好玩的，三者皆备更难。其一，德为仁者不忧。为何不忧？钱穆曰：仁者悲天悯人，其心浑然与物同体，常能先天下之忧而忧，然其为忧，恻怛广大，无私虑私忧。其二，德为知者不惑。为何不惑？智者明道达义，故能不为外物所惑，心中亦无迷乱。其三，德为勇者不惧。何以不惧？勇者见义勇为，志道直前，浩然正气，无所畏惧。

这是孔子归纳出君子的三种重要道德：仁、智、勇，是为着门徒战胜三种人类普遍具有的不良情志。而人性的弱点在这里凸显着：忧、惑、惧。这就是人们所广泛携带着的负面情绪。试问，从唐人李白到英人查尔斯·狄更斯，有谁不是经常处于这三种负面情态的袭扰之中？李白如此天才大诗人在长安城处处受排挤。诗才不是去为国为民服务，却是用来吹捧杨贵妃。他心里之痛可想而知，能不天天借酒消愁？狄更斯也是内心痛苦之极要自绝。康有为曰：万物之事理错杂于前，而不知所从，则日在惑中；身家国天下苦恼相缠，而不能逃去，则日在忧中；身世言行危难相触，而不能胜之，则日在惧中。圣人先救惑者以穷理明物之知，则幽室皆见光明；施忧者以乐天知命之仁，则地狱皆成乐土；施惧者以浩气刚大之勇，则风雷亦能弗迷。故知仁勇为三达德，学者度世之妙方，不可不信受者也。康有为自己不就是吗？

三达德品性人人想有，可是很难。孔子都自谓"我无能焉"。圣人都说自己没有做到，遑论庶民？所以，社会的实际是人们普遍缺少仁、智、勇而有着忧、惑、惧。《尚书·大禹谟》："惟德动天，无远弗届，满招损，谦受益，时乃天道。"孟子说："居恶在？仁是也；路恶在？义是也。居仁由义，大人之事备矣。"关键还是靠德。

孔子倡导"三达德"，然而，又认为自己尚不具备这些品德。他是以现身说法勉励门徒奋力向着人性高峰攀登，这是圣人襟怀。因为，"无"是任何大哲大圣生命所不可免的。

子曰："不患人之不己知，患其不能也。"

大智观于远近

世界上最远的距离是孙悟空的筋斗云十万八千里？是银河外星系200万光年？网友却以为：只是你站在我面前却不知你想什么——人的一颗心与另一颗心最遥远。越来越成为社会问题的是：隔膜、自闭、孤独、踽行。现代化、信息化和高科技手段有利有弊，减少了人与人直接交流，成为人类相知的负面推手了。

　　问题其实古已存在。子曰："不患人之不己知，患其不能也。"《论语注疏》曰：此章勉人修德也。何为不患？药方是有的。《论语义疏》曰：不患人之不知我之有才能也，正患无才能以与人知耳。言不患人不知己，但患己之无能。多次讲此意。朱熹曰：屡言而各出也。此章凡四见，而文皆有异。则圣人于此一事，盖屡言之，其丁宁之意亦可见矣。孔子有患者为患"不能"。何谓不能？《论语义府》曰："学之而成谓之能。"老人家异类思维，开出一条成才新路——拼自己！功夫用在哪里？用在刀刃上。刀刃何在？让自己脱颖而出！孔子说："不忧虑别人不了解自己，只忧虑自己无所成德。"《四书解义》曰：此一章书是孔子论为学者当反己以自修也。盖知与不知存乎人，能与不能存乎己。《易》曰："遁世无闷。"圣贤真切为己之学固如此。彼汲汲于闻达者，重外而轻内也，其能事亦可概见矣。立乎己，而不求乎外。求为己之实学，学以为己，而非求乎外之人知也。可见，孔子对此一问题思考得何其深入独到，为了门徒成才有出息也是拼了。事情是有偶然性的。如国外的非裔女孩康多莉扎·赖斯被美国前总统国家安全事务助理布伦特·斯考克罗夫斯特发现，一下子从大学一名助教跳到白宫工作；中国隋唐王朝立科举制度选拔人才，朝为田舍郎，暮登天子堂。人生命运偌大飞跃。青虫当然不能飞行，需破茧化蝶，练功借力。但无论如何，你不能总是一条青虫啊！

　　孔子之仁有时鲜明有时隐在，他一直悄然为弱者一方撑腰给胆。夏、商、周、春秋时代，尊卑有序，贵贱有界，不得僭越。这在那时是普世的，符合礼制的。但孔子虽然出身"贫且贱"，却传递给穷贱门徒信心和力量："不患人之不己知，患其不能也。"金子总是要发光的，反求诸己，丰富自身，命运掌握在自己手中，怕什么？

中国士人之逍遥视域何在？庄子云："大智观于远近！"

子曰："莫我知也夫！"子贡曰："何为其莫知子也？"子曰："不怨天，不尤人，下学而上达。知我者其天乎！"

人类的智力足够主宰地球吗

善解人意的美德品行切切为生活所缺！有一种文化之间对话是互相猜谜弯弯绕，而中国人主张"辞达而已矣"的直白。但是，匣箧包裹人心肚皮。子曰："莫我知也夫！"你想，若不是憋急了，孔子会有如此叹息？自古金玉易得相知难求！当今时代，有多少颗郁闷的心巴不得上那高山、对那旷野大呼一声：谁能懂我？

孔子师徒情深，子贡当下请问："何为其莫知子也？"这一问真是功夫太大，引出了孔子内心秘密："不怨天，不尤人，下学而上达。"这正是君子做人的人文立场准则！中国文化自此有了一把新尺度。孔子为学的方法和境界，如此已为世人知晓。化茧为蝶，下学上达，自强奋发。华夏儿女努力吧，老先生给方法论了。

现实启示正在此。你欲"上达"，先须"下学"功夫，多少人能体味？马克思上达吗？先下学啦。他说：我养成一种看完书后摘抄笔记、同时还会随时将自己的感想写下来的习惯，对于所有我看过的书都是这样。所谓做研究就是将材料细分后变成自己的东西，进而分析素材各种各样的形态，而且，必须要追究这些发展形态内部的联系。只有将这些工作彻底完成之后，才可以对现实的运动形态展开与之相应的叙述。难得！马克思做学问的体会如此深刻。每一种新学说、新发现，谁不是如此才得以"上达"的。

"知我者其天乎？"这才是人的悲凉。孔子以为人心是与自然外物、与天相通的。而自然界理解孔子吗？天知孔子？马克思批评黑格尔：对他来说自然界不过是在感性的外在的形式下重复逻辑的抽象而已，自然界不过是观念的外在形式，抽象思维者承认，感性同在自身中转动的思维相对立的外在性，是自然界的本质。自然界是有缺陷的存在物。这真是把天体看透了？孔子倒欲以天为知音，就此可以依靠了？

无论如何，时代里总有几位以宇宙和人生为思考对象的人。孔子的一次彻悟，同是对人的扣问、对天的体谅、对命的抗争、对困的怅呼？宇宙是谁的？德国哲学家、文化哲学创始人卡希尔以为："宇宙是上帝和人共有的。"

孔子、卡希尔谁"我知"？

子张曰："《书》云：'高宗谅阴，三年不言。'何谓也？"子曰："何必高宗，古之人皆然。君薨，百官总己以听于冢宰三年。"

儒家主张天子、庶人礼制一也

孔氏门徒，性情各异。子张出身微贱且犯过罪行，经孔子教育成为"显士"。可惜虽学干禄，未尝从政，以教授终。在孔子死后，他受到曾子、颜路的排挤，被迫离开鲁国，独立招收弟子宣扬儒家学说，是"子张之儒"的创始人。子张之儒列儒家八派之首，可谓成就大矣。

却是有一天，子张问孔子："《书》云：'高宗谅阴，三年不言。'何谓也？"子曰："何必高宗，古之人皆然。君薨，百官总己以听于冢宰三年。"师徒一问一答，没有废话。问什么？这个子张可能是个"本本派"，问的是书本上有一件事：《尚书》上说殷高宗守孝住在守丧的凶庐里，三年不说话，指的是什么呢？孔子一听回答他道：何必一定是高宗呢，古代的人都这样。君王去世，三年之间，朝廷百官各司其职听命于宰相。这是《尚书·无逸》篇的内容。原来是商王武丁守孝三年，期间不问政事，宰相执政，百官听命于宰相。这是礼制。《周礼·天官》云："大宰之职，掌建邦之六典，以佐王治邦国。"《叙官》云："乃立天官冢宰，使帅其属，而掌邦治，以佐王均邦国。治官之属，大宰卿一人。"《史记·殷本纪》曰："帝小乙崩，子帝武丁立。武丁修政行德，天下咸欢，殷道复兴。"子张没弄懂帝王丧礼之制，以为特例。孔子对周礼当然渊博，知之甚多，就说不仅是对高宗，古代的人都是如此。《孟子》云："武丁朝诸侯，有天下。"所以，孔子的答复不仅有礼仪知识，而且有儒者之仁的平等思想。

其实，子张所问是话中有话，其意不在礼制而在政制。新天子居丧期间，三年住在草庐里体验民生，那政务如何处理呢？孔子揭示秘密后，子张方释然。《四书训义》曰：三年之丧，宅忧而不正南面之治。天子之为子，唯尽乎人子之心，则大臣之为臣，自守其为臣之节。惟仁孝衰于上，而忠诚亦薄于下，于是当丧制命，而不敢移其柄于大臣，大伦之斁，有自来矣。自康王即位于丧次，其后因之蔑丧践阼，至于春秋之季，并不知有此礼，故子张读《说命》而疑焉。

故而，此章子张与孔子的师徒对话话题虽然是天子丧礼，主旨却透出孔子对古代礼制的博识和主张。

原壤夷俟。子曰："幼而不孙弟，长而无述焉，老而不死，是为贼。"以杖叩其胫。

从原壤无礼看孔子办乡村教育的重要性

有相当多的大学者言之凿凿，论证孔子是"贵族阶级利益代表"。可孔子小时候的玩伴却是一帮穷小子：他们有的死无葬身之银，有的活泼顽皮不懂礼貌天真可爱。他们是乡党、村夫、无地贫穷农民。

这其中就有一个小时候捣蛋到了老年仍不改的调皮鬼，却是孔子的老友。这一天当孔子来到时，他大岔开双腿坐着，一点礼数都不懂，当即受到孔子的批评。事情是这样的。原壤夷俟。子曰："幼而不孙弟，长而无述焉，老而不死，是为贼。"以杖叩其胫。原壤者何人？《礼记·檀弓》记载，原壤跟孔子小时候就很亲密的。原壤的母亲去世了，孔子还去帮助行丧。因为，孔子本来是从事丧葬业的。入棺木装殓后，原壤竟然爬到棺材上说：我好久没有唱歌了。于是，站在棺木上边跳边唱起来：这棺木头华丽像狸猫的头，材质滑柔得像女人的手。当时，人们纷纷摆头，对这个不孝之子很愤怒。孔子在现场见了也极为生气。后来，有人劝孔子跟原壤这畜生般的人绝交。但是，孔子是仁者，就说："我听到这样的话：'亲人不可随意断绝亲情，朋友不可随意断绝交情。'我们是老友，还是原谅他吧。"可见，原壤行为怪诞是事出有因。或者是生活艰难使其性格古怪，也许是母亲去世使其受刺激精神失常。朱熹注解云：原壤，孔子之故人。母死而歌，盖老氏之流，自放于礼法之外者。以其自幼至长，无一善状，而久生于世，徒足以败常乱俗，则是贼而已矣。胫，足骨也。孔子既责之，而因以所曳之杖，微击其胫，若使勿蹲踞然。而此次再见面，原壤还是老样子，大叉开双腿坐着等老者，什么德行？实在是禀性难移，冥顽不化，倚老卖老。钱穆亦云：原壤蹲着两脚不坐不起，以待孔子之来。如此无礼，真是岂有此理！李宗吾惊叹，呜呼伯康，相知有年何竟自甘原壤，尚其留意尊胫，免遭尼山之杖。还是孔子大度啊。

其实，古代有多少原壤这样未受过教育、缺失礼仪修养的庶民！有谁关心关注？有谁同情？看来，孔子办乡学，教文化，变习俗，实在是功在千秋、惠及子孙！

阙党童子将命。或问之曰："益者欤?"子曰："吾见其居于位也，见其与先生并行也。非求益者也，欲速成者也。"

孔子劝勉青少年"要上进，勿要急进"

《论语·宪问篇》记载，或问之曰："益者欤?"所以以为儒者皆头脑空洞简单不知价值为何物之徒是错了。李敖要别人勿以他耳朵聋闭为呆，曰：精灵着咧。孔子早先也是，曰："非求益者也，欲速成者也。"这分明是批判方法不对头，哪里是一口否定利益的存废？欲加妄断，何其无知？

此章意何？孔子与少年发生何事？《论语注疏》曰：此章戒人当行少长之礼也。孔子欲劝诫小老乡。《荀子·儒效》说："仲尼居于阙党"。阙党的一个少年在礼仪场合争着为宾主传达辞命。有人看不惯，就问孔子说："他能获得长进吧?"孔子说："我看到他坐在大人的席位上，看到他和长者并列抢行。这不是求取上进的人啊，是想着速成的人啊。"原来这是孔子所居住的阙里的一位少年童子，还是"老乡"哩！可是这小子行为有点缺失教养，违礼。因为，依照《礼记·王治》："父之齿随行，兄之齿雁行，朋友不相逾"。童子隅坐无位。而人们今见此童子，其与先生成人者并行，不差在后，违谦越礼，故知欲速成人者，非求益也。这少年老是在成年人前面抢道。有人责备：盖童子欲表异于众，所以失礼耳。小小年纪，不遵循礼数，好出风头，怪异得很。朱熹以为孔子对此看得更深：此娃非能求益，但欲速成尔。他不是学问上精益求精，而是一个急于求成的人。这就埋下了冒险的苗头，应加劝勉。所以，此处得见圣人之心，处处为善。

孔子教诲少年应行稳致远，不求速达，这的确彰显出中华文化的风格和人性！

卫灵公篇第十五

卫灵公问陈于孔子。孔子对曰："俎豆之事，则尝闻之矣；军旅之事，未之学也。"明日遂行。

先进文化的核心基因是道德

人非生而知之者，故而孔子主张"学而时习之"，马克思更提出人的全面发展。而中华古代英才是向往有"文韬武略"好为皇帝所用。孔子这样的文士怎样？他虽有文，但懂军事吗？

那时，生于乱世要保身，孔子教授学生的"六艺"中倒是有军事课的。"六韬"中就有天阵、地阵、玄鸟阵等兵阵。孔子的门生子贡有存鲁、乱齐、亡吴、强晋而霸越的谋战之功。那么，以此推之，孔子师徒当然是颇为精通战事了，可他却予以否定。当卫灵公问"陈"（同阵，军事）于孔子时。孔子对曰："俎豆之事，则尝闻之矣；军旅之事，未之学也。"《四书解义》曰：夫以孔子之圣，文事武备，宜无所不知，盖以卫灵公不留心于治国之道，而汲汲以兵戎之事为问，则其不足与有为可知，是以孔子不对，而明日遂行焉。此圣人之见几而作也。康有为曰：俎豆，礼器；兵阵，凶器。杀人之事不得已而用之，治国当先以礼乐厚民。灵公无道，无志于化民，而志于杀人。

孔子到底有何心思？他为什么对卫灵公说自己对礼仪这样的事曾

经听说过而军旅的事没有学习过，让卫灵公吃了"冷板凳"?《论语注疏》曰：此章记孔子先礼后兵之事也。孔子之意，治国以礼义为本，军旅为末，本未立，则不可教以末事。《左传·哀十一年》云，孔文子之将攻大叔也，访于仲尼。仲尼曰："胡簋之事，则尝学之矣。甲兵之事，未之闻也。"其意亦与本章同。军旅甲兵，亦治国之具也。彼以文子非礼，欲国内用兵；此以灵公空问军陈，故并不答，非轻甲兵也。孔子自谓尚有军旅之事未学，根本原因在他反对卫灵公欲发动战争，更反"不教民战"，还要向卫灵公游说为政以德安民。人民生灵涂炭，可是卫灵公还欲发动战争。那时，孔子是什么心情？欲哭无泪！"明日遂行"，结果卫灵公要孔子走人。孔子是带着悲伤而行的。因为孔子思想的核心是仁。仁即道德，即仁政。这是春秋时代的先进文化。

子张问行。子曰："言忠信，行笃敬，虽蛮貊之邦，行矣。言不忠信，行不笃敬，虽州里，行乎哉？立则见其参于前也，在舆则见其倚于衡也，夫然后行。"子张书诸绅。

忠信的力量能达于"蛮貊之邦"

子张是孔子门徒中年纪较小的后生，但是，求学问一点也不比师兄们懈怠。他的特点是说做就做，可谓一位"行动主义者"，是"孔门十哲"之一。

果然如此。子张问行。子曰："言忠信，行笃敬，虽蛮貊之邦，行矣。言不忠信，行不笃敬，虽州里，行乎哉？立则见其参于前也，在舆则见其倚于衡也，夫然后行。"子张书诸绅。什么意思？钱穆有解读。子张问："如何才能使自己到处行得通？"孔子说："只要说话能忠信，行事能笃敬，纵使去到蛮貊之邦，也行得通。若说话不忠不信，行事不笃不敬，即使近在州里，行得吗？要立时像看见那忠、信、笃、敬累累在前，在车厢中像看见那忠、信、笃、敬如倚靠在车前横木般。能如此，自会到处行得通了。"子张把这番话写在他随身常束的大带上。这位门徒是多么认真，老师刚讲毕，他怕忘记了，赶快用笔墨写到衣服上。这样的先生，这样的门生，这样的好学，能不成才吗?

《四书正义》曰：此一章书见立诚为制行之本也。子张问人必如何然后未查到皆可通行而无碍乎？孔子曰人唯至诚乃能感物，诚使所言者皆发于衷，符于事，而忠信焉。子张闻孔子之言即书于大带之上。盖欲时时接于目，而省于心也。其佩教诚切矣。由此章，人们可从侧面看到孔子学校的学习风气。从"书于绅"这个细节，可以看到这些贫穷学子的学习刻苦程度。子张"书于绅"感动和影响着后世一代代读书人，甚至当代还有一些人效法，将老师的教诲写在手上、衣服上、书包上。这是一种精神传承，是一种个性成长。

人类作为行动主义者是有渊源的。老祖先动物世界和近祖先类人猿们，哪位不是每日里东奔西跑寻寻觅觅找食物，直到吃个肚子饱才消停的？世界对中国的美誉是：勤劳勇敢的中华民族。人类的确继承了这宝贵禀赋精神财产。

中国人是醒得早。"子张问行"，行动可谓"大哉问"。孔子回答"言忠信，行笃敬"，将实践与道德诚信联系起来，升华了行动的性质与意义。人在社会，人行千里，什么最重要？"忠信，笃敬"，即使到那边鄙蛮荒之地也亨通无阻。

"忠信"使中华文化达于四海，畅行天下！

子曰："臧文仲其窃位者与！知柳下惠之贤而不与立也。"

孔子抨击嫉贤妒能者

中国人多数是敬佩孔夫子的，也有以孔子为效法学习典范的。那孔子确有高尚品质、宽广襟怀，还有侠义心肠。故而孔子经常评点人物，打抱不平，要为社会伸张正义。

其实，有的事真的跟孔子毫不相干。但孔子偏是要说话，要干预。子曰："臧文仲其窃位者与！知柳下惠之贤而不与立也。"怎么回事？朱熹《四书集注》引范式曰：臧文仲为政于鲁，若不知贤，是不明也；知而不举，是蔽贤也。不明之罪小，蔽贤之罪大。故孔子以为不仁，又以为窃位。孔子身在乡野，不在朝廷，跟臧文仲、柳下惠二人都毫无关系。但是，孔子见不得丑行，不顾人微身芥，就大发议论。这不是傻吗？却受到史上好评和赞同。《论语集说》引刘东溪曰：柳下惠，以和名于世者也，至为士师，三黜而不变其道，曰："直道而事人，焉往而不三黜？"使之少贬，岂有是哉！《论语述何》曰：在鲁言鲁，前乎夫子而圣与仁，柳下惠一人而已，仲忌而不举，罪与三家者同。《春秋》于庄公二十八年书臧孙辰告籴于齐，讥其为国不知礼也。自后大乱三世，臧文仲柄为政，若罔闻知，历庄僖文之篇，凡四十有八年，而书其卒，余事曾不一见，于策盖削之也。若曰素餐尸位，妨贤病国之文臣，不若遄死之为愈矣。其实，孔子只是就事论事以为臧文仲也不是一无是处。《国语·鲁语·臧文仲如齐告籴》记载了一段事：鲁国发生饥荒，臧文仲请求庄公，让自己携带宝器去齐国借米。文仲以鬯圭与玉磬如齐告籴，齐人归其玉而予之籴。臧文仲在鲁国发生饥荒时把自家的贵重玉器拿到齐国去做抵押借谷米。结果，齐国国君并没有收他的玉器，还把谷米借给了鲁国。这件事受到孔子赞扬。仲尼曰："臧文仲，其不仁者三，不知者三。下展禽，废六关，妾织蒲，三不仁也。作虚器，纵逆祀，祀爰居，三不知也。"因此，孔子看人很有点实事求是，颇为公正。做得好，肯定；做得不好，批评。有利于民众就坚持好的，改正错的。这是孔子为政以德的题中应有之义，于当今也有意义。

　　子曰："躬自厚而薄责于人，则远怨矣。"

儒家方法论：严己宽人可"远怨"

　　孔子确为社会学大家，研究人与人关系深入细微极周详。人在社会生存，无论是谁，无论多伟大、多高尚、多牺牲、多富有，你绝对免不了被人怨恨，被人议论，被人妒忌。因为世上有小人啊。

　　既然如此清醒，知道怨恨是不可避免，那该怎么办？要束手就擒投降吗？当然不可以。孔子的方法是"远"。子曰："躬自厚而薄责于人，则远怨矣。"对自身严格而少责怪别人，就可以远离怨恨了。朱熹《四书集注》曰：责己厚，故身益修；责人薄，故人易从。所以，人不得而怨之。这是孔子的一贯办法——厚德自强，天下无敌。《春秋繁露·仁义法篇》曰：以仁治人，以义治我，躬自厚而薄责于外，此之谓也。……自责以备谓之明，责人以备谓之惑。所以，天下的大道理，大儒其实是相通的。

　　梁启超先生曾经说："君子接物，度量宽厚，犹大地之博，无所不载。君子责己甚严，责人甚轻。……当其名高任重，气度雍容，望之俨然，即之温然。"意思是，君子应该有严于律己的勇气和宽以待人的度量。身居高位之时，君子要有庄重严肃的态度，使人们都愿意与他交往，丝毫不会有芥蒂。我们应深思此言，做一个这样的君子。这符合孔子儒家精神。

子曰："君子不以言举人，不以人废言。"

儒家认识论之辨才举人观

儒家一直认为，社会治理发展靠人才。但是，如何发现人才？如何辨识人才？贵族昏官搞不懂。他们流行的办法要么是任人唯亲，要么凭经验主义看表面。孔子通过长期观察研究，对这种做法很不以为然。他想要破旧立新，改弦易辙。

子曰："君子不以言举人，不以人废言。"《论语注疏》曰：此章言君子用人取其善节也。有言者不必有德，故不可以言举人，当察言观行然后举之。夫妇之愚，可以与知，故不可以无德而废善言也。不能根据人的言辞来举荐任用人，也不能因为一个人有德行缺失而废弃他正确的主张。多么客观。孔子反对以偏概全，以言举人，又反对以全概偏，以人废言。这不仅是思维方法革命，更表现出仁者的道德人性立场。南宋张栻曰："以人废之，则善言弃矣。"

如何考核官员？夏朝是"三载考功，五年政定"。《尚书·舜典》曰："敷奏以言，明试以功，车服以庸。"听你说，考你功，看你车奢简。清儒李颙的《四书反身录》云："不以言举人，则徒言者不能幸进，不以人废言，则言路不至雍塞，此致治之机也。"还是有清白人要信孔子。因为，孔子的标准是道德标准，符合社会进步和人民生活改善的方向。钱穆曰：有言不必有德，故不以言举人。然亦不以其人之无德而废其言之善，因无德亦可有言。《四书困勉录》曰：此君子用人、听言之道，大旨谓君子之于人也，何尝不与言并举哉？但举之者自有故，而不以言举之也。此言道出了孔子认为人与言、君子与荐才的关系之根本在德。

但是，要落实德才兼备何其难？只有人民当家做主的时代才有可能。

子曰："人能弘道，非道弘人。"

孔子毕生致力于人的发展：立人与弘人

"人是什么？"这确为世界哲学最高之古老命题。赫拉克利特说人是物质，赫胥黎说人是旅行者。那么，庶民活了几十年的生命，你可曾经有认得一个"人"了的？

当然是哲学家智慧。费尔巴哈以为：人是人的最高本质。充分肯定了人的地位。东方古代哲学有"人"吗？有啊！子曰："人能弘道，非道弘人。"《论语注疏》曰："此章论道也。弘，大也。道者，通物之名，虚无妙用，不可须臾离。但仁者见之谓之仁，知者见之谓之知，是人才大者，道随之大也，故曰人能弘道。百姓则日用而不知，是人才小者，道亦随小，而道不能大其人也，故曰非道弘人。"黄钟大吕，石破天惊！"人能弘道"，这是对人的肯定！是人的发现！是孔子的人论核心！是孔子对人的地位、价值和作用的重要认知。吾以为：孔子思想的主体是人，根本追求是立人。

  "道"又是什么？皇侃《论语义疏》引蔡谟说："道者，寂然不动，行之由人，人可适道，故曰人能弘道。道不适人，故曰非道弘人也。"蔡谟这句话，解释出自《周易·系辞传》。依此论，道是寂静不动的本性，它无体无形，无时无地不存在着。而老聃以为道可道，非常道。太玄乎。道对人极其重要。《中庸》曰："道也者，须臾不可离，可离非道也。"自从人类进入文明社会以后，谁能离开信仰、道德、礼义呢？那么，道与人的关系如何？钱穆《论语新解》曰："道由人兴，亦由人行。自有人类，始则浑浑噩噩，久而智德日成，文物日备，斯即人能弘道。人由始生，渐至长大，学思益积益进，才大则道随而大，才小则道随而小。《中庸》云：苟不至德，至道不凝焉。"此言非有大德之人，大道亦不在其身凝聚，此亦人能弘道，非道弘人也。而孔子以为人是主导，人决定道，人有动能，人能弘道，而非道弘人。朱熹《四书集注》曰："人外无道，道外无人。"孔子一辈子致力于人的发展，要立人、弘人！

  孔子发出时代之声："人能弘道"！人是实践行为的主体，人是世间极其宝贵的事物，人是决定因素。果然，中国人弘道了。他们弘扬儒学之道，使中华帝国千年领先世界；他们又弘扬马克思主义，使新中国日新月异走向伟大复兴新时代。

子曰："民之于仁也，甚于水火。水火，吾见蹈而死者矣，未见蹈仁而死者也。"

民众对道德的需要甚于水火

老百姓的生存经验是世代相传的，其中有一条"水火无情，乱卒无章"要人命。所以，我等自幼就对洪水大火心有畏怯。但水火对庶民具有两面性，它可置人于死地，另一方面老百姓生存须臾不可离开。即是说，水火可伤生，亦可养生。虽然，孔子为民众提升道德想尽千方百计，可是，老百姓对仁却有恐惧。为了解除庶民之忧，孔子于是以生活中的事例做比喻。子曰："民之于仁也，甚于水火。水火，吾见蹈而死者矣，未见蹈仁而死者也。"你过日子离得开水火吗？《孟子·尽心上》说："民非水火不生活"。虽有踏水火伤人致死的，但是，你看到有踏仁义死人吗？当然没有！朱熹《四书集注》曰：民之于水火，所赖以生，不可一日无。其于仁也亦然。但水火外物，而仁在己。无水火，不过害人之身，而不仁则失其心。是仁有甚于水火，而尤不可以一日无也。况水火或有时而杀人，仁则未尝杀人，亦何惮而不为哉？

孔子通过这个通俗比喻，让民众去大胆追求仁德，不用担心会因此死去。钱穆云：此章勉人为仁语。人生有赖于仁，尤甚于其赖水火。蹈水火，有时可以杀人，然未有蹈仁道而陷于死者，则人何惮而不为仁？或疑杀身成仁，此非蹈仁而死乎？不知此乃正命而死，非仁有杀身之道也。庄周讥以身殉名，此则惟生之见，而不知生之有赖于仁矣。民之于水火，所赖以生，不可一日无。其于仁也亦然。所以，人民对仁的需要"甚于"水火，全社会须化民易俗。

子曰："有教无类。"

中国传统文化是哺育巨人的文化

教育是人类的伟业。有教必有师，冯友兰先生说孔子是人类第一位老师。但身份不够啊？朱熹说，孔子起于陬邑，那是个什么小地方？穷村、陋巷、鄙人，住着一群治丧业者。为这些贫穷人家子弟办学校，行教育，开天辟地头一回啊。

所以，人类的首所民办学校起点太低了。然而，谢天谢地，它倒有一个极崇高的宗旨，子曰："有教无类。"这是本性，是从孔子心灵深处生发出来的。孔子办教育为什么?《论语注疏》曰:此章言教人之法也。言人所在见教,无所贵贱种类也。孔子招收门徒,不看出身。《四书解义》曰:此一章书是见圣贤立教之公心,人性本无不同,而气质不无成异。故有智即不能无愚,有贤即不能无肖。然存乎人者,虽有智愚、贤不肖之殊,而君子教人,唯知大道为公,无一人不在裁成之内。初何尝因其等而有所分别耶?

孔子要教人化民,实在关乎着人的心灵、人的素质。有教而无类,真正是把人的高低贵贱拉平,一视同仁,面向平民大众。孔子是平民教育、普及教育的先驱者。叔本华说,哲学要回答世界和人类的本质、本源问题,而真正的本质本源应当从人的心灵深处去寻找。人类能不感受到第一庠校,弥漫着人道、人文、人性、人权的自尊平等温情?"有教无类"四字真是太伟大了!

春秋第一所民办学校的大幕就此开启了。村夫乡民能不喜气洋洋?从前,达官贵族子弟上官府之学,贫苦庶民世代文盲;如今,他们的放羊牧牛的娃儿也能读书了。可喜可贺!教育这一桩盛事,很合孔子的一贯主张:性相近,习相远。人是后天习得教化可也。而孔子对门徒无论贫富、聪愚都充满信心,以为人人可教,人皆可以为尧舜。他循循善诱,诲人不倦,结果真的教育出弟子三千、贤人七十,世间罕见。还有大儒孟子、荀子之辈。了不得!中华文化是哺育巨人的文化。尧舜、孔孟、秦皇汉武……,多少古今英杰!东方的天空多么灿烂!

子曰："道不同，不相为谋。"

孔子旗帜鲜明论"道、谋"

若问人脖子上长着个脑袋干什么？或答曰："思考"。对呀！哲人说哲学的唯一个性是思考。所思者何？曰大道也。中华传统文化自古奇伟，有立，有道，乃大道。

但是，圣人有立场选择。子曰："道不同，不相为谋。"道与谋孰重？孔子这七字指明：道为首位。立场决定态度，其实，这是中华古代文化之重。什么是道？孔子未有界定。古人之"道"在这里的外延较广，包含两种意思：一是指人生志向、理想追求；二是指思想观念、学术主张。孔子以为唯有志趣、道德相近的人才能在一起。《史记·伯夷叔齐列传》记载：伯夷、叔齐义不食周粟，饿死于首阳山。司马迁感叹：真是各人追随各人的志向啊！这是政治态度不同不相为谋。燕雀安知鸿鹄之志哉？卡尔·马克思曾引用过意大利诗人但丁的一句名言，叫作"走自己的路，让人们说去吧"！古今中外，鸿鹄、燕雀各奔东西的事例太多了。有汉代贾谊的《鹏鸟赋》诗云："贪夫殉财兮，烈士殉名。夸者死权兮，众庶凭生。"贪夫、烈士岂可同行哉？

文化不同，信仰差异，又不能求同存异，如何能凑到一起？孔子主观上不想跟信仰不同的人一起共事。可见春秋之时中国士人早已把信仰看得天大！吕坤说：君子与小人共事必败。孔子将与谁归？"今有仁者、义者、礼者、智者、信者五人焉，而共一事，五相济则事无不成，五有主则事无不败。"啊！原来如此。

师冕见，及阶，子曰："阶也。"及席，子曰："席也。"皆坐，子告之曰："某在斯，某在斯。"

师冕出。子张问曰："与师言之道欤？"子曰："然；固相师之道也。"

孔子对残障者的人文关怀

浮生一天，日行八万，且看士人那分从容冷峻：冠盖满京华，斯人独憔悴。千秋万岁名，寂寞身后事。东方渐渐拂晓，君仍在世俗中？

残疾人来拜访孔子，孔子什么态度？师冕见，及阶，子曰："阶也。"及席，子曰："席也。"皆坐，子告之曰："某在斯，某在斯。"很关心啊！走到台阶沿，孔子说："这是台阶。"走到坐席旁，孔子说：

"这是坐席。"此文记载一件小事。有一位盲人乐师名字叫作师冕，有一天他来见孔子。孔子对残障人士很亲和。当时，孔子是跑大老远去迎接他，很细致，很关心，走得近。当走到台阶沿边，孔子提前提醒他说："这是台阶。你小心点。"进了屋子，走到坐席旁，孔子说："这是坐席。你请坐下。"等大家都坐下来，孔子就为师冕一个一个地介绍在座的客人朋友，说："某某在这里，某某在这里。"多亏《论语》有这一篇生动简洁的记载，把一个孔子道德君子的客观形象描述下来。仁者之心，仁者之为，仁者之德，跃然纸上。孔子的思想核心是仁。什么是仁呢？他说过：仁者爱人。孔子接待这个盲人，不正是仁者爱人的现实体现吗？亲切、平等、关爱，无微不至。这是善良，这是人性，这是大爱！

师冕走了以后，子张就问孔子："这就是与乐师谈话的道吗？"孔子说："这就是帮助乐师的道。"

中华文化之善为不欺负弱势群体。中庸曰：致广大而尽精微。贤与不肖有书于绅？践于行？谁谓士人没有礼让？孔子对残障人士相扶迎助，情景再现，栩栩如生，似可窥见孔子那一颗淳朴的心。

这就是中华文化的人文关怀。

季氏篇第十六

孔子曰："益者三乐，损者三乐。乐节礼乐，乐道人之善，乐多贤友，益矣。乐骄乐，乐佚游，乐宴乐，损矣。"

儒家对"益友""损友"的界定与提醒

情志快乐是中华文化长久关注的一大主题。快乐内涵被古人升华了。孔子曰："益者三乐，损者三乐。乐节礼乐，乐道人之善，乐多贤友，益矣。乐骄乐，乐佚游，乐宴乐，损矣。"何也？《论语注疏》曰：此章言人心乐好损益之事，各有三种也。"乐节礼乐"者，谓凡所动作，皆得礼乐之节也。"乐道人之善"者，谓好称人之美也。"乐多贤友"者，谓好多得贤人以为朋友也。言好此三者，于身有益也。"乐骄乐"者，谓恃尊贵以自恣也。"乐佚游"者，谓好出入不节也。"乐宴乐"者，谓好荒淫溢也。言好此三者，自损之道也。原来乐是有仁、有质、有类的啊？节礼之乐，道善之乐，贤友之乐才是有益的；而骄逸、放荡看起来快乐实则损德又伤身。朱熹《四书集注》曰：骄乐，则侈肆而不知节。佚游，则惰慢而恶闻善。宴乐，则淫溺而狎小人。可是，哪一位非理性之人能屡屡抵挡得住诱惑呢？

孔子提醒，益者、损者，有谁理解真义？《论语讲要》云：益者三乐：有益的乐事有三。损者三乐：有损的乐事，有三。乐节礼乐是以礼乐节制为乐。礼讲秩序，乐讲和谐。行礼作乐皆有一定的节度。一个人以礼来节制自己的言行，以乐来调和自己的七情，以此为乐事，必得性情之正，自然有莫大的益处。乐佚游是以佚游为乐。佚游的含义很广泛，兹依王肃注："佚游，出入不知节也。"出入没有节度，则生活无规律，工作无秩序，一切陷于混乱。乐宴乐是以宴乐为乐。朋友酒食聚会，不可久留，如果以此为乐，则无论对于身心都有损害。不是吗？

在社会生活中，交朋结友是多么不可轻率为之的一件事。《四书解义》曰：人有好乐而损益分甚矣。乐之不可不慎也。唯时时省察，闲邪存诚。则所乐自皆天理之正，而无人欲之私，斯可以有益而无损。然心之存放，只争几微之介，而后遂有霄壤之分，故存遏之功不可以不加密也。故《易》曰：天行健，君子以自强不息；地势坤，君子以厚德载物。

中华《易传》之妙啊。

孔子曰："侍于君子有三愆：言未及之而言，谓之躁；言及之而不言，谓之隐；未见颜色而言，谓之瞽。"

孔子之声"大而远"

你会与有知识的人交往吗？与他们交流该注意什么？如何做到既不失言又不失人？这里边确有处世学问。但是，有谁教我们呢？有啊！孔子曰："侍于君子有三愆：言未及之而言，谓之躁；言及之而不言，谓之隐；未见颜色而言，谓之瞽。"有用吧！

中华文化的周详备至是道不尽的，只要掌握一条底线，你的人生就无虞了：防止"三愆"！《论语正义》曰：此章戒卑侍于尊，审慎言语之法也。这条古训被古今多少人铭刻在心？其中首要大防亦为四字：祸从口出。朱熹《四书集注》曰：君子，有德位之通称。愆，过也。瞽，无目，不能察言观色。你跟人说话，岂可目中无人，不察对象。怎能不急言、躁言、过言、隐言而失言？"愆"指的是过失，随侍君子，容易犯三种过失。话未到当说时而说，谓之躁。郑康成注曰："躁，不安静也。"例如君子未问，自己就先说，这就犯了心浮气躁之过。而话当说而不说，谓之隐。孔安国注云：隐，不尽情实也。如君子已问，就应当把话明白地说出来，如果不说，这就犯了隐匿之过。没有观察君子的颜色就说话，谓之瞽。集解周先烈注云：未见君子颜色所趣向，而便逆先意语者，犹瞽者也。这三种过，不但不能对君子，即使对任何人都不能犯，但犯于君子更为严重。孔子的提醒，多么及时，多么人性化!《中庸》说：大哉! 圣人之道，洋洋乎! 舜好问而好察尔言。故躁、瞽实不可取。我等岂可对他人心躁妄言?《易经·系辞上》云:《易》与天地准，故能弥纶天地之道。仰以观于天文，俯以察于地理，是故知幽明之故。原始反终，故知死生之说。精气为物，游魂为变，是故知鬼神之情状。你我皆曾为不谙世事的莽二郎愣头青，能不碰个鼻青脸肿，再撞南墙猛回头? 深刻教训啊! 不了解事实，倘若妄言之，狂狷之士未少吃亏呀。苏东坡曾是"老夫聊发少年狂"，一贬再贬，从黄州贬到杭州、密州、惠州、儋州后，便是懂了，从此自谓"不敢复齿缙绅，常行于所当行，常止于不可不止"。算是从"乌台诗案"捡回了一条命。

人的本性是自由。孔子就敢于说话。韩愈说："周之衰，孔子之徒鸣之，其声大而远。"勇啊，士人! 险啊，不要命了? 可孔子在那春秋乱世，欲为政以德，安民百姓，何惜此头? 只在担当，只为使命! 传曰："天将以夫子为木铎。"其弗信矣以乎? 其末也，庄周以其荒唐之辞鸣。楚大国也，其亡也以屈原鸣。所以，人之言不可不有，亦不可不慎。但孔子十三年游说列国干七十余君而不遇。虽曰最后失败而归，但是竟然毫发无损，也是天下奇迹一个了。

利用安身。圣人之所以研之极深也。

孔子曰："君子有三戒：少之时，血气未定，戒之在色；及其壮也，血气方刚，戒之在斗；及其老也，血气既衰，戒之在得。"

士人：你的人生当有所戒惧

人类出生时赤条条，长大光灿灿吗？没有。在进入社会生活之后，各种诱惑和挑战每日每时前来考验。怎么办？君子不会束手就擒，勇敢的士人能拒之门外。这样的人过一辈子，晚年会有闪光，用中国话叫作"老骥伏枥""夕阳红"。

孔子是人的发现者，讴歌者，自信者，却也不偏袒人性弱点。孔子曰："君子有三戒：少之时，血气未定，戒之在色；及其壮也，血气方刚，戒之在斗；及其老也，血气既衰，戒之在得。"《论语正义》：此章言君子之人，自少及老，有三种戒慎之事也。"少之时，血气未定，戒之在色"，年少时，血气犹弱，筋骨未定，贪色则自损，故戒之。"及其壮也，血气方刚，戒之在斗"，壮年时，气力方当刚强，喜于争斗，故戒之。"及其老也，血气既衰，戒之在得"，老年时，血气既衰，多好聚敛，故戒之。孔子这是何等一针见血？少年之时，不谙世事，而又年轻气盛，精力旺盛，这时候最惧怕什么？是色。民谚云：色是剐肉钢刀。它竟与孔子观点趋于一致，都是劝勉青少年戒之在色。朱熹《四书集注》曰：血气，形之所待以生者，血阴而气阳也。得，贪得也。随时知戒，以理胜之，则不为血气所使也。范祖禹对此解释："少未定、壮而刚、老而衰者，血气也。戒于色、戒于斗、戒于得者，志气也。君子养其志气，故不为血气所动，是以年弥高而德弥劭也。"梁漱溟说：那一股内力冲身自然而野性，谁能抵挡？

戒色，戒斗，戒得，虽言养身，实兼修德。李炳南《论语讲要》曰：君子要有三戒，依人生少壮老三时期，戒三件事。孔子提出的这个第一戒，即使在现在也是很符合科学精神的。而当人到了壮年时，即在三十岁以后，"血气方刚，戒之在斗"。此时，血气正好刚强，难忍一朝之忿，与人争斗，必然招凶惹祸，故须戒斗。戒斗的积极意义，即是以此饱满的体力精神用于正当的事业。到了老年时，"血气既衰，戒之在得"。得乃贪也。《礼记·曲礼》说："七十曰老，而传。"而传，就是要把事情交代出去，这就有戒得的意思。《四书考异》曰："《淮南·诠言训》：'凡人之性少则猖狂，壮则强暴，老则好利'，本于此章。"句句真言，直捣人类软肋。

圣人教诲之要紧处，在于"及其壮也，血气方刚，戒之在斗"，皆因此时人的事业如日中天，志得意满，最易忘乎所以，最需要谨慎。但是谁听了？可惜了！多少人不听哲人"戒之在斗"言，吃亏在眼前？其实，这个道理也适合邦国啊。

称霸，好斗，失败，走向灭亡。

　　陈亢问于伯鱼曰："子亦有异闻乎？"

　　对曰："未也。尝独立，鲤趋而过庭。曰：'学诗乎？'对曰：'未也。''不学诗，无以言。'鲤退而学诗。他日，又独立，鲤趋而过庭。曰：'学礼乎？'对曰：'未也。''不学礼，无以立。'鲤退而学礼。闻斯二者。"

　　陈亢退而喜曰："问一得三，闻诗，闻礼，又闻君子之远其子也。"

孔子对儿子的"大哉教"

　　人间自有真情——父母与子女之情。古代孔子竟也知道不让儿子输在"起跑线上"？一大清早就叮嘱孔鲤："学诗乎？"两千年了，这与今日家长又何其隔世相似？孔鲤听父亲的话了吗？但是，以为孔子与儿子有代沟倒也无凭，可他要给儿子的精神食粮是《诗经》经典。

　　引起关注了。陈亢，字子禽，是孔子弟子。伯鱼，孔子的儿子。陈亢问于伯鱼曰："子亦有异闻乎？"对曰："未也。尝独立，鲤趋而过庭。曰：'学诗乎？'对曰：'未也。''不学诗，无以言。'鲤退而学诗。他日，又独立，鲤趋而过庭。曰：'学礼乎？'对曰：'未也。''不学礼，无以立。'鲤退而学礼。闻斯二者。"陈亢退而喜曰："问一得三：闻诗，闻礼，又闻君子之远其子也。"陈亢是有心人啊。

何晏撰的《论语集解》云：马曰："以为伯鱼孔子之子，所闻当有异。"皇侃《论语义疏》曰：陈亢，即子禽也。伯鱼，即鲤也。尤言伯鱼是孔子之子，孔子或私教伯鱼，有异门徒闻，故云子亦有异闻不也，呼伯鱼而为子也。伯鱼对陈亢曰我未尝有异闻也。此述己生平私得孔子见语之时也，言孔子尝独立，左右无人也。伯鱼述举己答孔子言未尝学诗也，孔子闻伯鱼未尝学诗，故以此语之，言诗有比兴答对酬酢，人若不学诗，则无以与人言语也；伯鱼得孔子之旨，故退还己舍而学诗也。原来如此！

不仅是陈亢好奇，可能所有人皆想打探孔子是如何教子的。孔子曾说："吾无隐乎尔。"是真的吗？朱子《四书集注》曰：亢以私意窥圣人，疑必阴厚其子。事理通达，而心气和平，故能言。品节详明，而德性坚定，故能立。当独立之时，所闻不过如此，其无异闻可知。尹氏曰："孔子之教其子，无异于门人，故陈亢以为远其子。"真相大白！孔子真的对儿子的教育跟对门徒没有什么不同，孔子真的没有隐瞒。幸而陈亢有此一问，倒也使我们放下一颗心：孔子对儿女是爱的，内心也是带有焦虑的。古代中国人怎样做父亲？诸葛亮有"诫子书"，陆放翁有"示儿诗"，苏东坡有"盼儿词"。父爱堪比山高。

人当如何教子？陆象山说，他在读《易》《诗》后即悟到：宇宙便是吾心，吾心便是宇宙。经典长远，知诗识礼，人同此心。孔子对儿子如何不是"大哉教"？

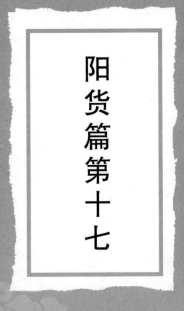

阳货篇第十七

阳货欲见孔子，孔子不见，归孔子豚。

孔子时其亡也，而往拜之。

遇诸途。

谓孔子曰："来！予与尔言。"曰："怀其宝而迷其邦，可谓仁乎？"曰："不可。""好从事而亟失时，可谓知乎？"曰："不可。""日月逝矣，岁不我欤。"

孔子曰："诺。吾将仕矣。"

孔子高尚人格的一次检验

生于乱世运偏消，要和恶人打交道。谁能幸免?《水浒传》里杨志将屡屡挑衅侮辱自己的泼皮牛二一刀砍倒;《史记》中的韩信却低头从流氓胯下爬过。最令天下文士心寒的是阳货对孔子一声吼："来，予与尔言!"呼出了五千年士人被欺、斯文扫地的人文悲哀。

事情是这样的。阳货欲见孔子，孔子不见，归孔子豚。孔子时其亡也，而往拜之。遇诸途。谓孔子曰："来！予与尔言。"曰："怀其宝而迷其邦，可谓仁乎?"曰："不可。""好从事而亟失时，可谓知乎?"曰："不可。""日月逝矣，岁不我与。"孔子曰："诺。吾将仕矣。"当时孔子有多么忍耐难受?

　　阳货是何方神圣？孔安国《论语孔氏训解》曰："阳货，阳虎也。季氏家臣，而专鲁国之政，欲见孔子，使仕。"阳货是春秋鲁国人，鲁国大夫季平子的家臣。季氏曾几代掌鲁国朝政，而这时阳货又掌握着季氏的家政。季平子死后，阳货还专权管理鲁国的政事。后来，他与公山弗扰共谋杀害季桓子，失败后逃往晋国。孔安国说他以季氏家臣而专鲁国之政，皇疏说他派人召见孔子，想叫孔子替他办事，而孔子厌恶他，不与他相见。可见，当时二人相遇，阳虎既为季氏家的重臣，好不威武。他对孔子说话是一副居高临下、颐指气使的作派。孔子虽然满腹经纶，很会和人打交道。但是，他对如何同野兽周旋，竟一时似乎手足无措，只得运用祖宗的老办法——三十六计，走为上计。"归孔子豚，孔子时其亡也，而往拜之，遇诸途。"《孟子·滕文公篇》也记载此事，"阳货瞰孔子之亡也"。阳货想会见孔子，孔子回避他，他就赠送孔子一只蒸乳猪。孔子回家一看，不能不受，又不能不回拜，就等候阳货不在家时回拜。不料在路上遇见阳货。尴尬啊。阳虎更张狂的是对孔子说话的语气：来！予与尔言！阳货这个傲慢骄横，无礼无教养的恶霸形象跃然纸上，对孔子这位社会贤达竟然丝毫不尊重。但令人吃惊的是，阳货原来是要劝孔子入仕的，还说孔子是"怀其宝"。《四书集注》曰：怀宝迷邦，谓怀藏道德，不救国之迷乱。货语皆讥孔子而讽使速仕。孔子固未尝如此，而亦非不欲仕也，但不仕于货耳。故直据理答之，不复与辩，若不谕其意者。阳货之欲见孔子，虽其善意，然不过欲使助己为乱耳。故孔子不见者，义也。其往拜者，礼也。必时其亡而往者，欲其称也。遇诸途而不避者，不终绝也。随问而对者，理之直也。对而不辩者，言之孙而亦无所诎也。阳虎想要招募孔子，孔子岂肯上当？

当时，孔子拒绝出仕，阳货还在喋喋不休以势逼人，要孔子就范。《论语集解》曰：马曰："言孔子不仕，是怀宝也。知国不治而不为政，是迷邦也。年老，岁月已往，当急仕。"其实，哪里是孔子不想入仕为政，恰恰是贵族统治者将他拒之门外。阳货是捉弄孔子揭其伤疤。孔子无可奈何，只得应付他："诺，吾将仕也。"

孔子"贫且贱"地位低，不愿与恶徒为虎作伥。而他对小人策略是委曲求全，英雄也有气短时。什么世道？此事更凸显孔子人格高山仰止！

佛肸召，子欲往。

子路曰："昔者由也闻诸夫子曰：'亲于其身为不善者，君子不入也。'佛肸以中牟畔，子之往也，如之何？"

子曰："然。有是言也。不曰坚乎，磨而不磷；不曰白乎，涅而不缁。吾岂匏瓜也哉？焉能系而不食？"

人类那一颗驿动的心

人定胜天吗？荀子曰："天行有常"，你跟着走罢了。董仲舒说"天不变道亦不变"，都是老一套？柳宗元说"封建非圣人意也，势也"！到底形势比人强。还是孟子神通广大，概曰"天时、地利、人和"。不过，乃是看人家天地脸色的悲怆，人类做点事还要与天商量、比试，其谁？

但是，谁又能阻挡人类那一颗驿动的心呢？"佛肸召，子欲往"。《论语注疏》曰：佛肸为晋大夫赵简子之中牟邑宰，以中牟畔，来召孔子，孔子欲往从之也。圣人就只有这个斤两？连学生都看不过眼，子路曰："昔者由也闻诸夫子曰：'亲于其身为不善者，君子不入也。'"子路对孔子行为提出质疑："以前我听您说过：'亲于其身为不善者，君子不入也。'佛肸以中牟畔，子之往也，如之何！"孔子曰："然。有是言也。不曰坚乎，磨而不磷；不曰白乎，涅而不缁。吾岂匏瓜也哉？焉能系而不食？"《论语义疏》曰："不曰坚乎，磨而不残；不曰白乎，涅而不缁。"言我昔亦经有曰也，故云不曰乎，以问之也。然孔子所以有此二说不同者，或其不入是为贤人，贤人以下易染，故不许入也。若许入者是圣人，圣人不为世俗染累，如至坚至白之物也。子路不欲往，孔子欲往，故具告也。

子路，你可知《易》是什么？易者，变也。不知道通达权变，算得什么宇宙之灵？毛泽东同志说："按照实际情况，决定工作方针"；民间智慧说"此一时，彼一时也"。知道不？教诲你的都忘哪去了？"毋固，毋必，毋意"，策略驱驰，精神守定，不亦可乎？康德说，我们的意志应该由什么来决定？由心中的理性法则来决定，这是自律。由一种异己的规律来决定，这是他律。偶然，或然，必然，自由然？何事不成？不必把客观不利当包袱，人天与我，"在人"！这是孔子对人的自信。

孔子师徒俩明明白白地是辩论起来了。不奇怪呀！孔子没有师道尊严，只有人格平等作风，何时以势压人、强加于人？没有的！孔子说：不是说真正的坚硬，受打磨也不会变薄吗？不是说真正的洁白，被涂染也不会变黑吗？此言孔子不为世俗染累，如至坚至白之物也。若不然，你在哪里找一片清清白白世界安身？赤橙黄绿青蓝紫，大自然有阴有晴，一身正气还惧什么歪风？为政以德，畏首畏尾，焉能有为？如何前进？生存价值要干点事，"吾岂匏瓜也哉？焉能系而不食"？秦皇汉武，唐宗宋祖，进入伟人诗篇的，哪一位不是为民众干大事的？原来，孔子是如此自信、奋进，昂扬，大无畏的呀！

人类还要踌躇什么？

子曰："色厉而内荏，譬诸小人，其犹穿窬之盗也欤？"

儒家鄙视"色厉而内荏"

孔子是道德学家，推崇仁义、仁政。以为这一切的关键在于人，在于人的人性、道德伦理发展。他鼓吹门徒要一心向仁，不违仁。最鄙视者是小人。

子曰："色厉而内荏，譬诸小人，其犹穿窬之盗也欤？"看吧，孔子又在敲打小人。孔子对小人的观察和描述，惟妙惟肖，入木三分。

何晏《论语集解》曰："荏，柔也。为外自矜厉而内柔佞。为人如此，犹小人之有盗心。穿，穿壁。窬，窬墙。"孔子说：面色严厉却内心怯懦，比之于小人，大概如同打洞、翻墙的盗贼吧。这是一个很形象的比喻。小人外表故作镇静，内心其实惊慌恐惧。盗贼破洞翻墙入室，盗窃财物，人人痛恨，那是显而易见的。而小人则不然，他们表面上一本正经，虚张声势，故作矜持，你根本看不出他的内在如何。与之交往，巧言柔佞，扭捏做作，根本是欺世盗名表里不一花里胡哨，容易使人吃亏上当。皇侃《论语义疏》曰：言其譬如小人为偷盗之时也。小人为盗，或穿人屋壁，或逾人垣墙。当此之时，外形恒欲进为取物，而心恒为畏人，常怀退走之路，是形进心退，内外相乘，如色外矜正而心柔佞者也。

　　古代华夏文化容不得小人，要痛打之。孔子是痛斥小人的一员猛将。自此以后，历代书家文人多有攻讦小人。孔子为何要痛打小人？只因小人危害社会。古今莫不如此。小人外表道貌岸然，内心极其猥琐，虚伪之极。

　　人类要擦亮眼睛，对那穿窬盗窃之徒，千万不要放松警惕呀！

子曰："乡愿，德之贼也。"

伪君子，德之贼

孔子研究社会，常常根据他所立的道德标准划分人群。人就两大类：君子与小人。小人也是有不同，其中有一种小人，孔子称之为"乡愿"，孟子称之为"乡原"。这个小人群体的特点被孔孟两大家关注，并被他们持久以文章痛击。

子曰："乡愿，德之贼也。"何晏《论语集解》曰："所至之乡，辄原其人情，而为意以待之，是贼乱德也。"谓人不能刚毅，而见人辄原其趣向，容媚而合之，言此所以贼德。"乡愿"的人性完全不同于君子。君子坦坦荡荡，是非分明，跟"乡愿"态度截然相反。朱子《四书集注》曰：乡者，鄙俗之意。乡原（原与愿同），乡人之愿者也。盖其同流合污以媚于世，故在乡人之中，独以愿称。夫子以其似德非德，而反乱乎德，故以为德之贼而深恶之。

对此钱穆以为：乡，其群鄙俗。原同愿，谨愿也。一乡皆称其谨愿，故称乡原。《孟子·尽心篇》有云："孔子曰：过我门而不入我室，我不憾焉者，其惟乡原乎！乡原，德之贼也。"较本章多三句。或是《论语》编者删节之，而《孟子》全录其语。《孟子》又曰："阉然媚于世也者，是乡原也。一乡皆称原人焉，无所往而不为原人，孔子以为德之贼，何哉？曰：非之无举也，刺之无刺也，同乎流俗，合乎污世，居之似忠信，行之似廉洁，众皆说之，自以为是，而不可与入尧舜之道，故曰德之贼也。"盖惟特立独行之士始可入德，故孔子有取于狂狷。若同流合污，媚世伪善，则断非入德之门。孟子发挥孔子义极精极显，学者求入德，必细参之。乡愿者，小人也，难怪孔子、孟子要批判他们啊。

子曰："巧言令色，鲜矣仁。"

人生的功夫应当朝哪里下

儒家对人生的理解，殊为深邃。人为什么而活？这是根本；人的功夫气力朝哪里下？这是方向。志士仁人为何一生叱咤风云、壮怀激烈、为人敬仰？而为何有人虽生犹死、遭人唾弃、可怜可悲？实在值得一思啊。

究其原因：在生命用力的地方与方向。仁者为安民，小人为自身。仁者致力于修齐治平，小人用力于投机取巧。孔子一言直击本质。子曰："巧言令色，鲜矣仁。"《四书集注》曰：好其言，善其色，致饰于外，务以悦人，则人欲肆而本心之德亡矣。程子曰："知巧言令色之非仁，则知仁矣。"可怜的小人，你不在提升自家本事上着力，而以花言巧语卖弄为荣，你的仁在哪里？

古代儒家为何对巧言令色进行猛烈抨击？在于儒家崇尚质朴，反对语言花哨；主张说话应谨慎小心，说到做到，先做后说；反对只说不做，停留在口头上。《论语注疏》曰：巧言者，便辟其言语也。令色者，柔善其颜色也。鲜，少也。此人本无善言美色，而虚假为之，则少有人者也，然都应无仁，而云少者。故张凭云：仁者人之性也。王肃曰：巧言无实，令色无质。孔子不要巧言而要仁。

无论如何，孔子反对巧言令色，要门徒切勿把功夫下错了地方，应当坦坦荡荡，直道而行，自强不息。以为这才是仁者之为。明代顾炎武《日知录》曰：天下之不仁之人有二：一为好犯上好作乱之人，一为巧言令色之人……使一言一动皆出于其本心，而不使不仁者可乎其身，夫然后可以修身而治国矣。

一句斥责"巧言令色"，掐灭世间多少把戏和精彩话儿？

宰我问："三年之丧，期已久矣。君子三年不为礼，礼必坏；三年不为乐，乐必崩。旧谷既没，新谷既升，钻燧改火，期可已矣。"

子曰："食夫稻，衣夫锦，于女安乎？"

曰："安。"

"女安，则为之。夫君子之居丧，食旨不甘，闻乐不乐，居处不安，故不为也。今女安，则为之！"

宰我出。子曰："予之不仁也！子生三年，然后免于父母之怀。夫三年之丧，天下之通丧也。予也有三年之爱于其父母乎？"

这个古代丧制其实并不理性

古人以为"死生亦大矣"。生和死都是大事，古代对人逝世制定出了一系列完整、细致而烦琐的仪礼。当然受到怀疑。

于是，有一天宰我就向老师提出此一疑惑。宰我问老师："父母死了，服丧三年，为期太久了。君子三年不习礼，礼一定会败坏；三年不演奏音乐，音乐一定会荒废。旧谷已经吃完，新谷已经登场，取火用的燧木已经轮换了一遍，服丧一年就可以了。"但是，孔子说："丧期不到三年就吃稻米，穿锦缎，对你来说心安吗？"宰我说："心安。"孔子说："你心安，就那样做吧！君子服丧，吃美味不觉得香甜，听音乐不感到快乐，住在家里不觉得舒适安宁，所以不那样做。现在你心安，就那样去做吧！"

宰我出去了，孔子说："宰我不仁啊！孩子生下来三年后，才能完全脱离父母的怀抱。三年丧期，是天下通行的丧礼。宰予难道没有从他父母那里得到过三年怀抱之爱吗？"宰我吃批评了。

宰我这位门徒思想有点解放，想"改火"。他的意思是：父母死了要守丧三年，从上古行到现在，很古老了。三年什么都不能动，结果什么都坏了，像稻谷一样，旧的割掉了，新的又长起来，钻燧改火，时令也改变了，岁月换了，我看守丧一年就够了。《论语义疏》曰：改火者，年有四时，四时所钻之木不同。若一年，则钻之一周，变改已遍矣。宰我断之也。谷没又升，火钻已遍，故有丧者一期，亦为可矣。宰我的诉求很理性。

古代《仪礼·丧服》提出子为父母、妻为夫、臣为君应守三年丧期，其后汉初汇集成的《礼记》一书，又对三年丧期内的守丧行为在容体、声音、言语、饮食、衣服、居处等方面提出了具体的标准，如丧期内不得婚嫁，不得娱乐，不得洗澡，不得饮酒食肉，夫妻不能同房，必须居住在简陋的草棚中，有官职者必须解官居丧，等等。孔子不赞成放弃三年的通例，也许是有更深层的虑及。

生死是中西文化共同话题。为何孔子把人性竟看得更远些包括了死亡？一切忽视生命的行为为他所不容，何况是关乎丧制。人子之心，当以人为本。羊知跪乳、乌懂反哺。何如人呢？

子曰："饱食终日，无所用心，难矣哉！不有博弈者乎？为之，犹贤乎已。"

孔子为后世开辟巨大博弈空间

世间有一项要紧的人生作业——驱除无聊。你想，古人没有电灯也没有网络，采果打猎回来吃饱了往草地上一放身子，脑子岂能不闲闹得慌？人类的原初，我们的祖先是忍耐了多少漫长寂寞？

人类生活不完美，急啊！子曰："饱食终日，无所用心，难矣哉！"所以，做人难，这是症结。没有书读之痛，文明生长只靠经验积累及口口相传授。可怜的古人们！马克思说，既然人是从感性世界上的经验汲取自己的一切知识、感觉等等，那就必须这样安排周围世界，使人在其中认识和领会到真正合乎人性的东西，使他感觉到自己是人。真是人同此心，心同此理。孔子主张"不有博弈者乎？为之，犹贤乎已？"这是儒家的主张，多么思想解放！孔子要门徒真正无聊时不妨去下棋博弈一番，也比无所用心好。这是给后代生存开辟的巨大空间！

儒家是主张好学的。孔子师徒尤甚。老师带头做示范"发愤忘食"，学子是刻苦向前。所以，孔子最见不得的是无所事事。不能枉白了少年头，为何又言"博弈"，这就是孔子的变通！

孔子对弟子的教育方法一般是正面教育。但是，这一次竟是直抒胸臆批评不良作风倾向。子曰："饱食终日，无所用心，难矣哉！不有博弈者乎？为之，犹贤乎已。"或许是看不过眼吧。青少年，易贪玩，而且，读书也看不到用途和出路呀。皇侃《论语义疏》曰：夫人若饥寒不足，则心情所期于衣食，所期于衣食则无暇思虑他事，若无事而饱衣食终日，则必思计为非法之事，故云难矣哉，言难以为处也。博者十二棋对而掷采者也，弈者围棋也，贤犹胜也，已止也。言若饱食而无事，则必思为非法，若曾是无业，而能有棋弈以消食终日，则犹胜无事而直止住者也。孔子让大家放松一下，真的是高明。

孔子其实与青年心连心，他了解门徒的兴趣，并不绝对主张读死书，死读书。所以，允许大家下下棋还是可以的。朱子《四书集注》曰：李氏曰："圣人非教人博弈也，所以，甚言无所用心之不可尔。"《论语注疏》曰：正义曰：此章疾人之不学也。孔子教育具有灵活性、针对性。博大啊！

子贡曰："君子亦有恶乎？"子曰："有恶：恶称人之恶者，恶居下流（流字衍文）而讪上者，恶勇而无礼者，恶果敢而窒者。"

曰："赐也亦有恶乎？""恶徼以为知者，恶不孙以为勇者，恶讦以为直者。"

儒家是爱憎分明的士人

儒家提倡博爱天下，仁者爱人。但是，孔子是主张中庸之道的智者，叩其两端，岂可维持只存一端之缺憾。

人生知会好问始，孔子一定有启示门徒的。子贡曰："君子亦有恶乎？"子曰："有恶：恶称人之恶者，恶居下流而上者，恶勇而不礼者，恶果敢而窒者。"曰："赐也亦有恶乎？""恶徼以为知者，恶不孙以为勇者，恶讦以为直者。"果然，孔门是讲究平衡的。有爱必有憎，由高足子贡来提问。陬邑那所乡村学校真是"问题意识"超强的"好问"学校呀！问遍天下，问穷四时，谁受得了？要是钱学森老先生听了，岂不会"手之舞之，足之蹈之"：中国的大学有希望培养出创新人才了！朱子《四书集注》曰：惟恶者之恶如字。讪，谤毁也。窒，不通也。称人恶，则无仁厚之意。下讪上，则无忠敬之心。勇无礼，则为乱。果而窒，则妄作。故夫子恶之。恶徼以下，子贡之言也。徼，伺察也。

讦，谓攻发人之阴私。杨氏曰："仁者无不爱，则君子疑若无恶矣。子贡之有是心也，故问焉以质其是非。"侯氏曰："圣贤之所恶如此，所谓唯仁者能恶人也。"终于放下心来，君子是可以有自己的"憎恶"的。儒家有十恶，恶紫、恶郑声、恶利口，等等。原来君子之恶乃是正义的、符合人性的、可理解的。

士人，你切切不可沾染此类恶习啊！

子曰："年四十而见恶焉，其终也已。"

青春年华的你致力于立德树人了吗

世人所虑，人怕中年。上有老下有小，事业未成身先朽。人四十岁时有何感受？子曰："年四十而见恶焉，其终也已。"皇侃《论语义疏》曰：人年未四十，则德行犹进，当时虽未能善，犹望可改。若年四十已在不惑之时，犹为众人共所见憎恶者，则当终其一生，无复有善理，故云其终也已。这是孔子在提醒、教导弟子，当珍惜青春年华，抓紧立德树人，修身养性，不然的话，到四十岁还被人厌恶，这样一辈子恐怕就要完了。东汉郑康成《论语注》曰："年在不惑，而为人所恶，终无善行也。"四十岁是我们的关键年龄？孔子说过：

四十而不惑。如何不惑？从道德伦理来说，就是无见恶，没有特别使人厌恶的品行。《四书集注》曰：四十，成德之时。见恶于人，则止于此而已，勉人及时迁善改过也。

无"见恶"，这其实是做人最起码的要求，是人生的底线而已。如果连这样最基本的德行标准都达不到，对这个人还有什么期待？

多可叹，不惑之年决定了品格宿命，孔子会感到凄凉吗？但实话总要有智者说出才好吧？中国人早有关键期认知，青少年时期是人生观、世界观养成教育形成的关键时期。谁敢马虎呢？道德意识，行为礼貌，需要从小培养。

孔子关注了多少个案例方才发现此一规律的？朱熹亦有同感。他说，四十不惑，智也；四十无恶，德也。郭沫若肯定孔子"顺乎时代潮流，同情人民解放，是奴隶社会变成封建社会的那个上行阶段中的先驱者"。孔子先进吗？其实是孔子有了紧迫感，要他的门徒们早一点将自己的习性陶冶好，立德立人，好去修齐治平的大道狂奔。若不然，老子说："子所言者，其人与骨皆与朽矣。"人四十而见恶，人性之殇？臧克家更以为：有的人活着，他已经死了。说的正是这些生命体。须慎之也。

微子篇第十八

柳下惠为士师，三黜。人曰："子未可以去乎？"曰："直道而事人，焉往而不三黜？枉道而事人，何必去父母之邦？"

中华文化的直道而事人

孔子对官员道德品行是有长期深入观察研究的。优秀者，褒奖之；低劣者，贬斥之。这是他为他的"为政以德"做干部人才准备吗？柳下惠为士师，三黜。人曰："子未可以去乎？"曰："直道而事人，焉往而不三黜？枉道而事人，何必去父母之邦？"柳下惠做了司法官，三次被免职，很正常啊！人曰："子未可以去乎？"《四书集注》曰：柳下惠三黜不去，而其辞气雍容如此，可谓和矣。然其不能枉道之意，则有确乎其不可拔者。是则所谓必以其道，而不自失焉者也。胡氏曰："此必有孔子断之之言而亡之矣。"柳下惠受到不公正对待，人们的常识以为他要辞去，三十六计走为上，这是本能反应。可他却以为："直道而事人，焉往而不黜？枉道而事人，何必去父母之邦？"多么有见地，果然是非常之辈明白人。所以，孔子对柳下惠推崇之至，人家是实至名归。

而《孟子》一书曾把柳下惠和伯夷、伊尹、孔子并称四位大圣人，认为他们不因为君主不圣明而感到羞耻，不因官职卑微而辞官不做；身居高位时不忘推举贤能的人，被遗忘在民间时也没有怨气；贫穷困顿时不忧愁，与乡下百姓相处，也会觉得很愉快；他们认为自己和任何人相处，都能保持不受不良影响的能力。因此，听说了柳下惠为人处世的气度，原来心胸狭隘的人会变得宽容大度，原来刻薄的人会变得老实厚道。孟子认为像柳下惠这样的圣人，是可以成为"百世之师"的。孔孟在柳下惠的评价和推崇上，是一致的。

柳下惠的确是一位有头脑、有操守的官员。他提出的理由："直道而事人，走到哪里不三黜呢？既然不能枉道而事人，何必去父母之邦。"权力社会到处都一样，很深刻，看得清，看得真，因而也就能够从容处世。这正是门徒必须面对和学习的，孔子用心何其良苦。

齐人归女乐，季桓子受之，三日不朝，孔子行。

这是孔子无比失望的一天

为什么贵族统治是腐朽没落的？一叶知秋，从鲁国季桓子接受国外赠送的歌姬一事，可见一斑。

"齐人归女乐，季桓子受之，三日不朝，孔子行。"此事不简单，背景很深。邢昺《论语注疏》曰：此章言孔子去无道也。桓子，季孙斯也，使定公受齐之女乐，君臣相与观之，废朝礼三日，孔子遂行也。案《世家》："定公十四年，孔子年五十六，由大司寇行摄相事。于是诛鲁大夫乱政者少正卯。与闻国政三月，粥羔豚者弗饰贾；男女行者别于涂（涂同途，下同）；涂不拾遗；四方之客至乎邑者，不求有司，皆予之以归。齐人闻之而惧，曰：'孔子为政必霸，霸则吾地近焉，我之为先并矣。盍致地？'犁锄曰：'请先尝沮之，沮之而不可则致地，庸迟乎？'于是选齐国中女子好者八十人，皆衣文衣而舞《康乐》，文马三十驷，遗鲁君。陈女乐文马于鲁城南高门外。季桓子微服往观再三，将受，乃语鲁君为周道游，往观终日，怠于政事。孔子遂适卫。"你看看，季桓子这个没有头脑的家伙，多么愚蠢，可怜！孔子能不失望？

"齐人归女乐"，齐国对鲁国季桓子施"美人计"，季桓子就中计了。治国岂若食色那般轻松快乐？《论语集解》曰：孔曰："桓子，季孙斯也，使定公受齐之女乐，君臣相与观之，废朝礼三日。"司马迁认为，齐国送女乐的目的，是针对孔子的。孔子当了大司寇，齐国怕得要死，认为孔子当政一定会把鲁国搞强大，于是设法让孔子退出政坛。办法是送女乐，让当局娱乐至死、不理朝政，这样孔子就会失望而辞职。结果如齐国所料，鲁国季桓子果然中了"美人计"。此时，最痛苦的是孔子师徒啊！他们深感失望、辞职而去。

虽然齐国诡诈之徒使用了"美人计"，使鲁国一时上当受骗，可是他们能阻挡历史车轮前进吗？一切逆历史潮流而动的强盗，他们能不彻底失败吗？

长沮、桀溺耦而耕，孔子过之，使子路问津焉。

长沮曰："夫执舆者为谁?"

子路曰："为孔丘。"

曰："是鲁孔丘与?"

曰："是也。"

曰："是知津矣。"

问于桀溺。

桀溺曰："子为谁?"

曰："为仲由"。

曰："是鲁孔丘之徒与?"

对曰："然。"

曰："滔滔者天下皆是也，而谁以易之? 且而与其从辟人之士也，岂若从辟世之士哉?"耰而不辍。

子路行以告。

夫子怃然曰："鸟兽不可与同群，吾非斯人之徒与而谁与? 天下有道，丘不与易也。"

天性总是教导人们换位思考

乱世春秋，孔子与门徒经常奔走于途，穿梭列国忙于游说，到处碰壁。难啊。

他们却痴心不改。这一天孔子一行走到楚国地界，茂林修竹，古木参天，瓜果遍野，草长莺飞，果然富庶。却见一条江河横亘在眼前，又见有农夫大汗淋漓正在耕地。乃长沮、桀溺耦而耕也。子路连忙上前施礼，寻问渡口何在？而长沮停一停手中的耒耜，反问道："那驾车的是何人？"当他得知此人是鲁国孔子后不无讽刺地说："若是孔子圣人，那他就应该知道渡口在哪啊。"

可见，古代农夫里头有高人、民间有隐者。当时，另一位桀溺却也并不以务农为耻，倒可怜起子路这群读书人来，教诲说："天下礼崩乐坏之势，恰似这滔滔洪水冲决，你们能改变过来吗？"边说边不停地干活。子路当时是愣住了，楚地农夫好古怪啊！

当子路回过神去向老师报告，孔子怅然若失，叹息道："鸟兽，是不可能与它同群的，我不跟天下人在一起跟谁呢？倘若天下有道，我还用去改变吗？"皇侃《论语义疏》曰：滔滔者犹周流也。天下皆是，谓一切皆恶也。桀溺这是真心话，可担当是孔子师徒自己的选择。《四书集注》曰：正为天下无道，故欲以道易之耳。真要躲闪隐匿，孔子还用得着长沮、桀溺来指教吗？

衣衫褴褛，艰难竭蹶，孔子师徒是什么精神？为改变世界!《尚书·尧典》云：帝曰，吁，静言庸违，象恭，滔天！天下无道而有什么呢？张载说，盈天地之间者，法象而已。人奈我何？屈原《离骚》是放遐思，称古帝，怀神山，呼龙虬，思佚女。辛弃疾则是那种"把栏杆拍遍，无人会，登临意"。孔子一行能不孤立？但有董仲舒知晓，须退一步海阔天空，是故他向刘彻建议："罢黜百家，独尊儒术"。此举真真改天换地也！无意间，竟然使孔子这套民间思想广为传播，成为中国封建社会统治阶级的主流意识，开启了汉唐盛世之旅。中华文明、中华文化得救了！

子张篇第十九

子夏之门人问交于子张。

子张曰："子夏云何？"

对曰："子夏曰：'可者与之，其不可者拒之。'"

子张曰："异乎吾所闻：君子尊贤而容众，嘉善而矜不能。我之大贤与，于人何所不容？我之不贤与，人将拒我，如之何其拒人也？"

孔门两弟子交友理论之异

子夏的门人问子张如何交友，门人说老师要他们：可者与之，其不可者拒之。顺其自然。而子张说他听到的不同：尊敬贤达而宽容普通人，嘉许好人而同情弱者。为什么？因为倘若我是贤才，于人何所不容？倘若我不贤，人家拒我我怎么拒人家？古今心胸有时惊人相似。即使在信息化时代的今天，人们对交友的渴望没有丝毫减弱反而是更加强烈了。《论语》首篇就讲到交友之乐。为什么？这是人性使然。儒学是人性化的，子张、子夏又教导再传弟子要善交友。可惜二人观点有异。

本章议论交友。《论语集解》曰：孔曰："问与人交接之道。"包曰："友交当如子夏，泛交当如子张。"为什么子夏、子张同为孔子门徒，却对于交友主张不同？可能与初心有关。子夏自幼家境贫寒，艰苦磨砺，故为学严谨，曾言"博学而笃志，切问而近思"，对治学有自己独到理解。道德上，他洁身自好律己甚严，性格谨慎，志向坚定，为人厚道忠诚。孔子曾经教导他交友应做到"择友要慎""选友要严"。而子张虽然也是出身低微，但青少年时有犯过事。他才高意广，性格偏激。孔子曾经批评他"师也辟"。针对子张的个性，孔子曾经教导他择友要"宽"，选友要"容"。朱子《四书集注》曰：子夏之言迫狭，子张讥之是也。但其所言亦有过高之病。盖大贤虽无所不容，然大故亦所当绝；不贤固不可以拒人，然损友亦所当远。学者不可不察。

故而，子夏、子张之观点不同，乃是孔子因材施教罢了。蔡邕《正交论》：子夏之门人问交于子张，而二子各有所闻乎夫子。然则其以交诲也，商也宽，故告之以拒人；师也褊，故训之以容众。各从其行而矫之，若乎仲尼之正道，则"泛爱众，而亲人"，交游以方，会友以仁，可无贬也。所以，其实子夏、子张二人说的各有道理。

子夏曰："虽小道，必有可观者焉；致远恐泥，是以君子不为也。"

小道可观而不可致远

孔子重大道，格局大；门徒观小道，格局小。

子夏曰："虽小道，必有可观者焉；致远恐泥，是以君子不为也。"《四书集注》曰：泥，去声。小道，如农圃医卜之属。泥，不通也。杨氏曰："百家众技，犹耳目鼻口，皆有所明而不能相通。非无可观也，致远则泥矣，故君子不为也。"从孔子"大道之行也"，到子夏"小道可观"，关注点下移。小大之辨，常以惑人。昔日石崇与王恺斗富即是。钱穆曰："孔子之道大，博学多闻而一以贯之。小道窥于一隙，执于一偏，非谓其无所得，就其所见所执，亦皆有可观；但若推而远之，欲其达于广大悠久之域，则多窒泥而难通，故君子不为也……小道，如农圃医卜，百家众技，擅一曲之长，应一节之用者皆是。"当与"君子不器"章参读。

什么是小道？朱熹以为小道如农圃医卜之属。钱穆也以为如农、圃、医、卜，百家众技，擅一曲之长，应一节之用。总之，是具体老百姓生活中不可缺少的技艺。子夏为什么提出小道命题？可能是孔子逝世后，儒学社会影响衰落，子夏虽开创儒学一派，但是面临着弟子学成后的生计难题。弟子须学儒又兼及技艺而已。子夏为"孔门十哲"之一，小孔子四十四岁，是孔子后期学生中佼佼者，以文学著称。《史记》记载："孔子没，子夏居西河，教弟子三百人，为魏文侯师。"孔子弟子三千，子夏弟子三百，虽只及孔子的十分之一，却有个很有名的魏文侯，故办学成就与影响在众弟子中是最大的，对于儒家经学的传承做出了巨大的贡献。《后汉书·徐防传》记载东汉徐防说过："《诗》《书》《礼》《乐》，定自孔子；发明章句，始自子夏。"认为"六经"中的大部分是来自子夏的传授。本章子夏此言可能在于劝止门徒弟子对小道太执着，太专注，而忘记了自己的更大目标，丢大就小，舍本逐末。因为执守一门技艺，往往容易陷于其中，无法上达。不能上达则无法致远，技艺就成了通往大道的阻碍，故"致远恐泥"，想要"致远"的君子就要警惕了。子曰："君子不器"。不要被一些技艺所拘泥了，人生的高度可能就被限制住了。故此，子夏所发议论，是很有针对性的。

那么，何谓大道呢？程树德编撰的《论语集释》曰：内足以明心尽性，外足以经纶参赞，有体有用，方是大道，方是致远。

人当如何处理小与大、技与道之关系？窃以为，精于专业，仰望星空可乎？

子夏曰："日知其所亡，月无忘其所能，可谓好学也已矣。"

从"苟日新"到"日知无"

太阳每天都是新的，人的认知每天也是新的吗？孔子逝世后，门徒将儒道传承，好学精神置于首位。子夏曰："日知其所亡，月无忘其所能，可谓好学也已矣。"《四书集注》曰：亡，读作无。好，去声。亡，无也。谓己之所未有。尹氏曰："好学者日新而不失。"子夏以为：每天知道一些过去所不知道的知识，每月不忘记已经掌握的东西，这样可以称为好学的人了。

这位孔门优等生是自言自警还是在教诲别人呢？其实这是传承孔子精神"学而时习之"，符合古代文化精髓的。《诗》曰："周虽旧邦，其命维新。"《康诰》曰："作新民。"《大学》曰：《盘铭》曰："苟日新，日日新，又日新。"是故君子无所不用其极，说的就是如果能每天除旧更新，就能不间断地更新又更新。明代顾炎武有《日知录》，书名就来自子夏此章。顾炎武也正是这样做的，天天求新知。乾隆年间修《四库全书》，纪昀等人在为《日知录》撰写提要时就说："炎武生于明末，喜谈经世之务，激于时事，慨然以复古为志。其说或迂而难行，或愎而过锐。"可见中华"日知"好学传统不辍。钱穆曰：君子之学，当日进而无疆。日知所无，此孔子博文之教。月无忘其所能，此孔子约礼之教。亦颜子所谓"得一善则拳拳服膺而弗失之"。故日知所无则学进，月无忘所能则德立。如是相引而长，斯能择善而固执之，深造而自得之矣。子夏此章之言好学，亦知、德兼言。窃以为，钱先生所言极是。

《论语义疏》以为："日知其所亡"，"是知新也"；"月无忘其所能"，"是温故也"。这大约算得正解，孔子曾说"温故知新"。孔子"韦编三绝"，正是"日知其所无"。

儒门后学是有优等生的。孟子云，学问之道无他，求其放心而已。哪似今天的学生们读一点书，便紧巴巴弄出精神状态来？的确值得把孟子的话记着。《尚书》云：学于古训，乃有获。千万再莫犯糊涂。真不知孔子师生那时候的超强学习动力何来？源于高远志向？坚强毅力？匡世济民？

但是，还有生活这一部大书啊！

子夏曰："小人之过也必文。"

文过饰非，绝非善者

人不是神，人都会犯错误。那么，对待错误的态度，或许就成为区分君子与小人的一块试金石。

儒家有自知之明，同时也嫉恶如仇。子夏曰："小人之过也必文。"小人犯了过错一定要掩饰。《论语注疏》曰："子夏曰：小人之过也必文。"《正义》曰：此章言小人不能改过也。言小人之有过也，必文饰其过，强为辞理，不言情实也。这是小人品行的一个突出特点——文过饰非，推卸责任。《四书集注》曰：小人惮于改过，而不惮于自欺，故必文以重其过。钱穆曰：人之有过，初非立意为恶，亦一时偶然之失尔。然小人惮于改过而忍于自欺，则必文饰之以重其过矣。小人自以为高明，自鸣得意，其实那套把戏终究要被智者看穿识破，他们的丑行只会出尽洋相，贻笑大方，实在是愚蠢之极啊！

子游曰："子夏之门人小子，当洒扫应对进退，则可矣，抑末也。本之则无，如之何？"

子夏闻之，曰："噫！言游过矣！君子之道，孰先传焉，孰后倦焉？譬诸草木，区以别矣。君子之道，焉可诬也？有始有卒者，其惟圣人乎！"

君子修身之"本末"与"先后"

乾坤无垠，宇宙浩茫，有民人焉，有社稷焉。而孔子以为人应有独立自强人格意志，学生门徒最好自主性强大，各有所习，率性而为。此可谓孔门学校儒家学说构成中华文化精神之大章。

但思想意识如何统一？问题也就来了。子游曰："子夏之门人小子，当洒扫应对进退，则可矣，抑末也。本之则无，如之何？"子夏闻之，曰："噫！言游过矣！君子之道，孰先传焉，孰后倦焉？譬诸草木，区以别矣。君子之道，焉可诬也？有始有卒者，其惟圣人乎！"子游道："子夏的学生，叫他们做做打扫、接待客人、应对进退的工作，那是可以的；不过这只是末节罢了。探讨他们的学术基础却没有，怎样可以呢？"子游说得对呀！而子夏听了这话，便道："咳！言游说错了！君子的学术，哪一项先传授，哪一项最后讲述呢？学术犹如草木，是要区别为各种各类的。君子的学术，如何可以歪曲？依照一定的次序去传授而有始有终的，大概只有圣人罢！"子夏说得也很有道理。朱熹《大学章句序》曰："人生八岁，则自王公以下，至于庶人之子弟，皆入小学，而教之以洒扫应对进退之节，礼乐射御书数之文。"

到底谁更有理？《论语注疏》曰："子游"至"人乎"。正义曰：此章论人学业有先后之法也。子夏既闻子游之言，心中不平之，故曰："噫！"心里急呀！子游看到师兄子夏的学生每日里只干些洒扫庭除的事务，可是怎么能让学生仅做这些而丢了根本呢？事情传到子夏耳中，倒也没有引发意气，但他是挑明了说："言游过矣！君子之道，孰先传焉，孰后倦焉？"传道有没有先后之序呢？这个真的是仁者见仁。韩愈也只说"闻道有先后"。但其实子夏自有主张：譬诸草木，区以别矣。春生秋槁，自然之数，人也当是因材施教循序渐进。他是把握着规律了？《四书集注》程子曰："君子教人有序，先传以小者近者，而后教以大者远者。非先传以近小，而后不教以远大也。"又曰："洒扫应对，便是形而上者，理无大小故也。故君子只在慎独。"又曰："圣人之道，更无精粗。从洒扫应对，与精义入神贯通只一理。虽洒扫应对，只看所以然如何。"

一个怕本末倒置，一个讲循序渐进，皆为孔子之徒啊！

曾子曰："堂堂乎张也，难与并为仁矣。"

内存不足难为仁

孔子门徒之中，大多数为贫贱人家子弟，其貌不扬者众。而唯有子张相貌出众，简直可谓孔门门面。曾子曰："堂堂乎张也，难与并为仁矣。"《四书集注》曰：堂堂，容貌之盛。言其务外自高，不可辅而为仁，亦不能有以辅人之仁也。范氏曰："子张外有余而内不足，故门人皆不与其为仁。子曰：'刚、毅、木、讷近仁。'宁外不足而内有余，庶可以为仁矣。"这是好事吗？应该是。可是，其他人怎么看呢？曾子说：子张看起来是堂皇得很，可是这个子张，难得跟他一起为仁。这当然并不是说子张金玉其外败絮其中，但也够难听的。《论语注疏》曰：正义曰：此章亦论子张才德也。堂堂，容仪盛貌。曾子言子张容仪堂堂然盛，于仁道则薄，故难与并为仁矣。古人之评，时代久远，难免偏颇。现代人钱穆曰：堂堂，高大开广之貌。子张之为人如此，故难与并为仁。盖仁者必平易近人，不务于使人不可及。兵书言堂堂之阵，又如言堂堂之锋，皆有对之难近之义。或说：堂堂指容仪言。子游、曾子乃评子张为人，绝不仅言其容仪。容仪之训虽出汉儒，不可从。又说："难与并为仁矣"，为使己与子张各得一国以行仁政，则必不及子张。宋儒说《论语》，有过于贬抑孔门诸贤处，固是一病。清儒强作回护，仍失《论语》之本义。

有谁听说了孔门学校有什么校花、校草的？那时大家都平等的，但相貌堂堂的子张还是引人注目，可他终究内存不足，难于并为仁。

孟氏使阳肤为士师，问于曾子。曾子曰："上失其道，民散久矣。如得其情，则哀矜而勿喜！"

儒家念念不忘"民"

仁者的话能救命？没听说过，少挨打倒是有的。明朝袁了凡说，有个小吏见县官鞭打囚犯血流满面，长官还在怒气冲天，遂劝道："曾子说，上失其道，民散久矣。如得其情，则哀矜勿喜。今而况怒乎？"县官为之霁颜，免了囚犯鞭笞。儒者有智又有仁啊。

孔氏师徒念念不忘民。孟孙氏任命阳肤做了司法官。阳肤向曾子请教该怎样做。《论语注疏》曰：正义曰：此章论典狱之法也。"孟氏使阳肤为士师"者，阳肤，曾子弟子。士师，典狱之官。"问于曾子"者，问其师求典狱之法也。曾子曰"上失其道，民散久矣。如得其情，则哀矜而勿喜"者，言上失为君之道，民人离散，为轻易漂掠，犯于刑法亦已久矣，乃上之失政所为，非民之过。你若求得其情，当哀矜之勿自喜也。曾子的意思有二：一是把板子打到贵族统治者那里，上层失去道义，民心离散已经很久了。二是若真了解了民众犯罪的情况你应该悲悯，而不要自喜。《四书集注》曰：阳肤，曾子弟子。民散，谓情义乖离，不相维系。谢氏曰："民之散也，以使之无道，教之无素。故其犯法也，非迫于不得已，则陷于不知也。故得其情，则哀矜而勿喜。"儒家多么人性，多么坚持底层思维，多么想到老百姓的苦痛。这是孔子思想的人文性、进步性。如果说孔子儒学有什么闪光点，那就是他与庶民同呼吸，心连心。

《尚书》说："民惟邦本，本固邦宁。"《易经·乾卦》说，见龙在田，天下文明。曾子劝诫，情感务要审慎发作：幸灾乐祸、看人笑话，落井下石，都不道德；如得其情，则哀矜勿喜，方合人性。

卫公孙朝问于子贡曰："仲尼焉学？"子贡曰："文武之道，未坠于地，在人。贤者识其大者，不贤者识其小者。莫不有文武之道焉。夫子焉不学？而亦何常师之有？"

孔子被质疑没有正式文凭学历

在现代社会，求职者必须在表格一栏里填写学历，以证明自己所受的正式教育。古代如何？其实是一样的。不过，那时的学校被贵族垄断。你要说有学问，必定是出于太学哪一期、太师哪一位教的。否则，谁信？

贫穷人家子弟求学无门。孔子出身"贫且贱"，哪有资格上太学？可是，他偏偏不向命运低头屈服。没有老师，就向身边一切有知识的人学习，还到远方向老聃这样的名师请教。结果，孔子的学问渊博起来，名声传播各诸侯国。一些人敬佩，可也引起一些人好奇或怀疑。

这不，有人当面向孔子门徒提问。卫公孙朝问于子贡曰："仲尼焉学？"这代表了很多人的疑问：孔子的学问从哪里得来的？没见他上官学呀？子贡曰："文武之道，未坠于地，在人。贤者识其大者，不贤者识其小者。莫不有文武之道焉。夫子焉不学？而亦何常师之有?"《四书集注》曰：卫公孙朝问于子贡曰："仲尼焉学?"子贡曰：文武之道，未坠于地，在人。文武之道，谓文王、武王之谟训功烈，与凡周之礼乐文章皆是也。在人，言人有能记之者。周文王和周武王之道，并没有失传，还留存在人间。贤能的人掌握了其中重要部分，不贤能的人只记住了细枝末节。周文王和周武王之道是无处不在的，孔子从哪儿不能学呢？而且又何必有固定的老师呢?《论语注疏》曰：此章论仲尼之德也。言文武之道，未坠落于地，行之在人。贤与不贤，各有所识。夫子皆从而学，安得不学乎？"而亦何常师之有"者，言夫子无所不从学，故无常师。子贡不愧孔门高足，一句"圣人无常师"之回应，曲尽妙绝！

钱穆曰：卫大夫公孙朝以孔子之学博而大，故问于何而学得之。文武之道：谓文王武王之道。礼乐文章，孔子平日所讲，皆本之。未坠于地，在人。历史已往之迹，虽若过而不留，但文化之大传，则仍在现实社会，仍在人身。若国亡众灭，仅于古器物或文字记载考求而想见之，则可谓坠地矣。贤者识其大者。历史往事，多由前代之所传而记忆认识之。贤与不贤，各有所识，唯大小不同。贤者识其大纲领，从讲究来。盖孔子之学，乃能学于众人而益见其仁，益明其道。

人类是宇宙中多么了不起的一件杰作！子贡谓："文武之道，未坠于地，在人！"马克思说，无神论是对神的否定，并通过否定而设定人的存在。子贡一句"在人"，黄钟大吕，世间稀声，中华人文的光华在此！

尧曰篇二十

子张问于孔子曰："何如斯可以从政矣？"

子曰："尊五美，屏四恶，斯可以从政矣。"

子张曰："何谓五美？"

子曰："君子惠而不费，劳而不怨，欲而不贪，泰而不骄，威而不猛。"

子张曰："何谓惠而不费？"

子曰："因民之所利而利之，斯不亦惠而不费乎？择可劳而劳之，又谁怨？欲仁而得仁，又焉贪？君子无众寡，无小大，无敢慢，斯不亦泰而不骄乎？君子正其衣冠，尊其瞻视，俨然人望而畏之，斯不亦威而不猛乎？"

子张曰："何谓四恶？"

子曰："不教而杀谓之虐；不戒视成谓之暴；慢令致期谓之贼；犹之与人也，出纳之吝谓之有司。"

天下唯有德者居之

从非洲丛林走出，人类你知道自己沿着一条什么路径前行的吗？几万年来跌跌撞撞，姿态不佳？有颓唐、有落荒、有凯歌、有喋血，可你仍在顶天立地，踽踽独行。你的形象在我心中，聪明之极，坚韧无比。不屈的人类啊!

邦国如何治理? 子张问于孔子曰:"何如斯可以从政矣?"子曰:"尊五美,屏四恶,斯可以从政矣。"脱口而出! 大哲对人间政治早有思考。何谓"五美"?"君子惠而不费,劳而不怨,欲而不贪,泰而不骄,威而不猛。"孔子真乃成熟政论家。《论语注疏》曰: 此说劳而不怨者也。择可劳而劳之,谓使民以时,则又谁怨恨哉!"欲仁而得仁,又焉贪",此说欲而不贪也。言常人之欲,失在贪财。我则欲仁,而仁斯全矣,又安得为贪乎?"君子无众寡,无小大,无敢慢,斯不亦泰而不骄乎"者,此说泰而不骄也。常人之情,敬众大而慢寡小。君子则不以寡小而慢之也,此不亦是君子安泰而不骄慢乎?"君子正其衣冠,尊其瞻视,俨然人望而畏之,斯不亦威而不猛乎"者,此说威而不猛也。言君子常正其衣冠,尊重其瞻视,端居俨然,人则望而畏之,斯不亦虽有威严而不猛厉者乎? 孔子知民情,察民意,通民心。老百姓有怨,最怨者劳民伤财;老百姓有恨,最恨者贪官污吏。朱熹《四书集注》曰: 尹氏曰: 告问政者多矣,未有如此之备者也。故记之以继帝王之治,则夫子之为政可知也。

孔子讲政治,言"五美",从政治建设入手。这个切入点多么精准! 何也? 古今中外政治家皆知,政者正也,正者德也;德者仁也,仁者人也。唯人类方有政治,有道德,能创造文明,有宇宙之气,发思想之光。

道德是人类特有的利他意识和利他行为。人类文明七千年血泪凝聚:天下唯有德者居之。人类必将达于共有、共建、共享之世!

孔子曰："不知命，无以为君子也；不知礼，无以立也；不知言，无以知人也。"

知命知礼以立：人类未来大有希望

光阴似箭，日月如梭。天、月、年何时不是被我们悄悄地独自消度着？何以度？何以立？父母们，昂起你高傲的额头；智者们，运筹你过人的谋略，70亿人祈祷一个心愿：后代儿孙有衣有食、有命有立，而无灾无病、无战无乱得康宁，世界美好！可也？

早有端倪。孔子曰："不知命，无以为君子也。不知礼，无以立也。"孔子提出：君子须知命。为何要知命？命者人也。人是社会的主体，孔子思想的根本是人的发现和人的发展，要贵人，弘人，举人、立人、知人。知人即知命，《论语注疏》曰："此章言君子立身知人也。命，谓穷达之分。言天之赋命，穷达有时，当待时而动。若不知天命而妄动，则非君子也。"但为何还要知礼？"礼者，恭俭庄敬，立身之本。若其不知，则无以立也。"孔子以为人须有礼之敬畏。孔子又以为世间万物唯人有"立"：立言立功立德，立心立身立命。那王侯贵胄、乡党村夫，英雄豪杰，其谁有立？伟人有言：人民，只有人民，才是创造历史的真正动力。

人类你已走过7000年，何命？何立？大可"有所总结，有所前进"：为何三大古代文明中断？为何人富人贫？在不知命？然则"命"该如何驾驭？须知命不可逆，势不可挡；唯有审时度势，自强不息。即须"洁己以进"，将个体欲望、私利、小我，全抛却，拒作小人；认知"民兴于仁"，以伦理、道德、大我，践行之，必成君子。君子知命识势。2500年前，孔子在《礼记·礼运篇》中发宏大畅想："大道之行也，天下为公，选贤与能，讲信修睦。故人不独亲其亲，不独子其子，使老有所终，壮有所用，幼有所长，矜、寡、孤、独、废疾者皆有所养，男有分，女有归。货恶其弃于地也，不必藏于己；力恶其不出于身也，不必为己。是故谋闭而不兴，盗窃乱贼而不作，故外户而不闭，是谓大同。"此可谓之命与立乎？孔子到底要"立"什么？《康诰》曰："作新民"。这位中华古代千年思想家乃是发愤忘食地探求人类的伦理道德擢升和社会发展向前。他是欲要在华夏率先造就一个均富世界、平等社会、正义人间、和谐天地、道德乾坤、高尚寰宇、美好未来。即是要教化培育出一群高德高尚"新民"庶众，开启一个高级高阶"新型"文明。为世界探路，为全球示新。此为寰宇文明之大境界、大格局。克明俊德，一以贯之。其实，这就是中华民族伟大复兴的中国梦，是中华将要对人类作出的伟大贡献。彼时人类将在文明旗帜上第一次豪气地写上：天下为公，命运共同。实现马克思预言："他们获得的将是整个世界。"中华之立，孔子之志，其伟也哉！

知命知礼：鲲鹏有志，飞龙在天，人类大有希望！